जौली अंकल

समझो और समझाओ

सर्वश्रेष्ठ रचनात्मक, प्रेरणात्मक व
उत्साहपूर्ण विचारों का अनूठा संग्रह

जे.पी.एस. जौली

AF813892

PEACOCK BOOKS

प्रकाशक
PEACOCK BOOKS
7/22, अन्सारी रोड, दरियागंज, नई दिल्ली-110002
दूरभाष : +91-11-40775252, 23273880, 23275880, 23280451
फैक्स : +91-11-23285873
ई.मेल : orders@atlanticbooks.com
वेबसाइट : www.atlanticbooks.com

शाखा कार्यालय :
5, नालाथम्बी स्ट्रीट, वालाजाह रोड,
चेन्नई-600002
दूरभाष : +91-44-64611085, 32413319
ई-मेल : chennai@atlanticbooks.com

Peacock Books is an imprint of
Atlantic Publishers and Distributors (P) Ltd.

प्रतिलिप्याधिकार © जे.पी.एस. जौली, 2015

प्रतिलिप्याधिकार लेखक के अधीन सुरक्षित है। इस पुस्तक के किसी भी अंश का पुनरुत्पादन या किसी प्रणाली के सहारे पुनर्प्राप्ति का प्रयास अथवा किसी भी तकनीकी तरीके, इलेक्ट्रॉनिक, मैकेनिकल, फोटोकॉपी, रिकार्डिंग या वेब माध्यम से प्रकाशक की अनुमति के बिना वितरित नहीं किया जा सकता है। लेखक एवं प्रकाशक ने अपने प्रयास से इस पुस्तक के तथ्यों और विवरणों को उचित स्रोतों से प्राप्त किया। अनुमति के लिए सभी अनुरोधों को लिखित रूप में प्रस्तुत किया जाना चाहिए। पुस्तक में प्रकाशित किसी भी सूचना की सत्यता के प्रति तथा इससे होने वाली किसी भी क्षति के लिए प्रकाशक, सम्पादक, लेखक अथवा मुद्रक जिम्मेदार नहीं हैं।

सभी प्रतिवादों का न्यायिक क्षेत्र केवल नई दिल्ली होगा।

मुद्रक : ग्लोरियस प्रिंटर्स, ए-13, डी.एस.आई.डी.सी., झिलमिल औद्योगिक क्षेत्र, नई दिल्ली-110095

SAMJHO AUR SAMJHAO (in Hindi)
By J.P.S. Jolly (Jolly Uncle)

जौली अंकल के बारे में सम्मतियाँ

राष्ट्रपति जी आपको *अनमोल खुशियाँ* पुस्तक के लिये अपनी शुभकामनाएं प्रेषित करती हैं।

— **जी के दास** — *भारत की पूर्व राष्ट्रपति प्रतिभा देवीसिंह पाटिल के निजी सचिव*

आपकी पुस्तक आधुनिक जीवन-शैली के द्वारा मानसिक तनाव को आपकी पुस्तक कम करने में सहायक होगी, ऐसी मेरी कामना है।

— **अरविन्दर सिंह** — *दिल्ली सरकार के पूर्व शिक्षा एवं पर्यटन मंत्री*

जिस प्रकार एक दीपक अंधेरे को समाप्त करने के साथ सैंकड़ों अन्य दीपों को पल भर में रोशन कर देता है, ठीक उसी तरह जौली अंकल कलम के जादू से हर इंसान के रोम-रोम को खुशियों से भर देते हैं।

— **नवजोत सिंह सिद्धु**, *पूर्व सांसद*

दिल्ली के 59 वर्षीय लेखक जितने पटना में लोकप्रिय हैं, उतने ही अमेरिका के पेन्सिलवेनिया में भी।

— *हिंदुस्तान टाइम्स*

हंसते रहना ही जिंदादिली का नाम है, यह चरितार्थ करते हैं श्री जौली जी।

— *द टाइम्स ऑफ इंडिया*

जौली अंकल के छोटे-छोटे व्यंग्य पूरे विश्व में ठहाके लगवाते हैं।

— *गल्फ न्यूज, दुबई*

भूमिका

भगवान ने हर इंसान को बिना किसी भेदभाव के एक जैसा बनाया है। इसी के साथ उसने हम सभी को वे क्षमता भी दी हैं जिससे कोई भी साधारण सा व्यक्ति ज्ञान की बातों को समझकर महान बन सकता है। वैसे भी हर कोई जिंदगी में अच्छा, बड़ा और प्रभावशाली इंसान बनना चाहता है। लेकिन इसी के साथ हमें यह बात भी समझनी होगी कि जीवन में कुछ भी हासिल करने के लिये हमें हर चीज़ की कुछ न कुछ कीमत जरुर चुकानी पड़ती है। ऐसा इसलिये भी कहा जाता है क्योंकि आज तक कोई भी व्यक्ति कभी भाग्य के भरोसे बैठकर इतिहास नहीं रच पाया। दुनिया के अधिकांशः विद्वान और महान व्यक्तियों के बारें में यदि गौर किया जाये तो इन सभी लोगों में एक बात सामान्य दिखाई देती है कि एक समय पर वे सभी आम आदमी थे। कुछ महान लोगों के माता–पिता तो इतने गरीब थे कि वे इनके लिये अच्छी शिक्षा का प्रबन्ध भी नहीं कर पाए।

यदि विचारपूर्वक देखें तो समझ में आता है कि महात्मा गाँधी, लाल बहादुर शास्त्री, अमरीका के राष्ट्रपति बराक ओबामा एवं हंसी के मसीहा चार्ली चैपलिन जैसे लोगों ने अपने विचारों और कुछ खास कर्मों से ही इतिहासकारों को अपना नाम दुनिया के महान व्यक्तियों की सूची में शामिल करने के लिये मजबूर कर दिया। इन्हीं हस्तियों की तरह यदि आप भी कामयाबी के शिखर को छूकर महान बनना चाहते हैं तो इसके लिये बस आपको इतना करने की जरुरत है कि रोजमर्रा के जीवन से जुड़ी हर छोटी–बड़ी बात से प्रेरणा लेकर उसे अपने जीवन में अपनाते

चले जाएं। जिस प्रकार एक संगीतकार सात सुरों के माध्यम से हर बार एक नई धुन पैदा करता है, ठीक उसी तरह मैंने अपने जीवन के सारे अनुभवों के आधार पर एक कामयाब और विजयी इंसान के हर पक्ष को उजागर करने का प्रयास किया है। सामान्य तौर पर किसी भी पुस्तक को पहली बार पढ़ना अच्छा लगता है, दूसरी और तीसरी बार पढ़ने में पहले जैसा आनंद नहीं मिलता। यदि कोई इसके बाद भी फिर से वही पुस्तक पढ़ने के लिये कहे तो हमें बुरा लगने लगता है। लेकिन प्रस्तुत पुस्तक समझों और समझाओ को आप जितनी बार भी पढ़ेंगे, यह हर बार आपको नई जागरूकता के साथ एक अनूठा आनंद और सुकून देगी। मैं यह बात पूरे विश्वास के साथ कह सकता हूँ कि ज्ञान से भरपूर यह पुस्तक आने वाली पीढ़ियों के लिये मार्गदर्शक साबित होगी।

मैं यह दावा तो नहीं कर सकता कि इस पुस्तक को पढ़ने के बाद आपके जीवन में कभी कोई कठिनाई नहीं आयेगी, लेकिन इस पुस्तक में व्यक्त किया गया हर विचार आपकी सोच में ऐसा कमाल का बदलाव ले आयेगा कि एक और जहाँ आप भीतर से आलोकित हो जाऐंगे वहीं आपको हर चुनौती का हल भी मिलता जायेगा। मुझे पूर्ण विश्वास है कि इस पुस्तक की हर पंक्ति में वह असीम शक्ति है कि जो किसी भी आम व्यक्ति को कुशल और बुद्धिमान बनाने में मददगार साबित हो सकती है। मैंने अपनी हर बात को बहुत ही रोचक व सरल ढंग से लिखने की कोशिश की है ताकि इसे पढ़ते ही आप अपने अंदर छिपी हुई प्रतिभा को आसानी से निखार पायें।

विश्व मानवता की भलाई, सुख, शांति और समृद्धि की कामना करते हुए मैं केवल इतना ही कहना चाहूंगा कि अब मेरे जीवन का एक मात्र उद्देश्य यही है कि मैं अपने शेष जीवन में समाज से लुप्त हो रहे अच्छे संस्कारों को ज्ञान के माध्यम से घर–घर तक पहुंचा सकूं ताकि हर किसी को अच्छे ढंग से जानकारी के साथ खुशहाली मिल सके। आखिर में मेरा आप से यही अनुरोध

है कि इस पुस्तक में व्यक्त किये गए छोटे–छोटे विचारों को आप न सिर्फ गौर से समझें बल्कि अपने करीबी लोगों को भी जरूर समझाऐं ताकि सारे समाज में सकारात्मक बदलाव की शुरूआत की जा सके। मुझे दृढ़ विश्वास है कि यह अनमोल पुस्तक आपको जीवन के हर क्षेत्र में बेहतर परिणाम और लक्ष्य प्राप्ति की राह में सहायक साबित होगी। अपने प्रिय पाठकों और शुभचिंतकों को उनके सहयोग के लिए हार्दिक धन्यवाद करते हुए मैं यह उम्मीद करता हूँ कि पहले की भांति आप अपने सुझावों और प्रतिक्रियाओं से मुझे सदैव अवगत कराते रहेंगे।

जौली अंकल
15-16/5, नारायणा, फेज–1
निकट पी. वी. आर. सिनेमा,
नई दिल्ली–110028
www.jollyuncle.com
E-mail: jollyuncle@gmail.com
Phone: 011-65 45 3115

अनुक्रमांक

1
उज्जवल भविष्य

- अपना भविष्य उज्जवल बनाने के लिये मेहनत तो करनी ही पड़ती है।
- उन्हीं लोगों का भविष्य उज्जवल बन पाता है जो हारना नहीं जानते।
- जो मेहनत करने से घबराता है वह सदैव दूसरों के अधीन ही रहता है।
- आलस बहुत मीठा लगता है लेकिन इसके परिणाम बहुत कड़वे होते हैं।
- अपने भविष्य को उज्जवल बनाने के लिये अपने आप से कभी झूठ मत बोलना।
- यदि असफलता और पछतावे से बचना है तो समय का बहुत ध्यान रखना होगा।
- उज्जवल भविष्य सुरक्षित रखना है तो फिर हर पल आपको आशावान बनना होगा।
- ज्ञान के साथ सही ढंग से कर्म करने पर ही भविष्य उज्जवल बनाया जा सकता है।
- केवल बाहरी दुनिया में उलझे रहने से हम कभी भी अपने लक्ष्यों की प्राप्ति नहीं कर सकते।

- सफलता को कभी भी सिर पर न चढ़ने दें और असफलता को कभी दिल में उतरने न दें।
- जीवन में तरक्की पाने के लिये परिवार के सभी सदस्यों का सहयोग बहुत जरूरी होता है।
- उज्जवल भविष्य का सही मंत्र है: सही काम करें, सही तरीके से करें, सही समय पर करें।
- अंधेरे से खौफ खाने की बजाए रोशनी की तलाश न करो बल्कि खौफ से मुक्त हो जाओ।
- जिंदगी में चाहे सुख हो या दुख, खुशी हो या गम, वक्त हर किसी को जीना सिखा देता है।
- हम जिस बात को सोच सकते हैं, जिस पर यकीन कर सकते हैं उसे हासिल भी कर सकते हैं।
- एक अच्छे इंसान को यह समझ लेना चाहिए कि बिना मेहनत के कुछ भी पाना संभव नहीं होता।
- कोई भी व्यक्ति यदि चाहे तो कामयाबी की सीढ़िया चढ़ते हुए अपनी हर इच्छा पूरी कर सकता है।
- सफलता वाली सीढ़ी की चौड़ाई बहुत कम होती है इसीलिए उस पर सभी एक साथ नहीं चढ़ पाते।
- सफलता का कोई नियम उस समय तक काम नहीं करता जब तक हम अपना काम शुरू नहीं करते।
- मेहनत का फल खाने के लिये धैर्य रखना पड़ता है क्योंकि मेहनत का फल जरा देर से ही मिलता है।
- सब्र का फल मीठा होता है, लेकिन कई बार अधिक सब्र करने से फल के सड़ने का भी डर होता है।
- सफ़ल व्यक्ति सदैव यह सोचता है की क्या सही है जबकि असफल व्यक्ति सोचता है की क्या गलत है?
- जो कोई जीवन रूपी गाड़ी को धैर्य से चलाते हैं उन्हें एक न एक दिन मंजिल अवश्य मिल ही जाती है।

- कामयाबी कभी भी आसानी से नहीं मिलती क्योंकि कामयाब जीवन का रास्ता बेहद चुनौतियाँ भरा होता है।
- अपने हर दिन को सफल बनाने के लिये हमें अपने दिन भर के कार्यों की योज़ना सुबह ही बना लेनी चाहिए।
- जरूरी नहीं है कि सब कुछ लिखा जाए, जरूरी यह है कि जो लिखा हुआ है उसे पढ़कर अमल में लाया जाए।
- जीवन को पीछे मुड़ कर समझा तो जा सकता है लेकिन तरक्की पाने के लिये इसे आगे की तरफ ही जीना चाहिए।
- इंसान का दिमाग जो कुछ सोच सकता है और जिस चीज़ में यकीन कर सकता है वह उसे हासिल भी कर सकता है।
- उज्जवल भविष्य, सफलता और संतुष्टि पाने के लिये मेहनत की जरूरत होती है और मेहनत हमेशा ही कठिन होती है।
- उज्जवल भविष्य को नुकसान पहुँचाने के लिये हमारे नकारात्मक विचारों से बढ़कर कोई दूसरा हमारा दुश्मन नहीं हो सकता।
- हर असफल व्यक्ति को यह बात समझ लेनी चाहिए कि हमारे जीवन में असफलता का मूल कारण मन का केन्द्रित न होना ही है।
- बहादुर और बुद्धिमान व्यक्ति कभी भी असंभव शब्द का प्रयोग नहीं करते वे तो केवल अपनी निगाहें मंजिल पर टिकाऐं रखते हैं।
- हम अपना बहुत सारा समय बर्बाद होने से बचा सकते हैं यदि हम यह सोचना छोड़ दें कि दूसरे हमारे बारे में क्या सोच रहे हैं।
- स्वयं को न जानना ही दुख है। जो मनुष्य खुद को जान लेता है उसके जीवन में खुशियों के सभी द्वार अपने आप खुल जाते हैं।

- सफल होने के लिये किसी भी एक सवाल का दस बार हल करने की बजाए दस अलग–अलग सवालों को एक–एक बार करना चाहिए।
- किसी मकसद के लिए खड़े हो तो पेड़ की तरह और गिरों तो बीज़ की तरह ताकि गिरकर फिर से उग सको उस मकसद को पूरा करने के लिए।
- सही समय आने पर जैसे वृक्ष में फल लगते हैं और पतझड़ के मौसम में उसी पेड़ के पत्ते झड़ने लगते हैं, इस बात से हमें यह सीख लेनी चाहिए कि कभी भी किसी की एक जैसी अवस्था नहीं रहती, इसलिये दुख के समय पछताना व्यर्थ है।

❑❑❑

2
आत्मविश्वास

- आत्मविश्वास वीरता का सार है।
- आत्मविश्वास रखने वाले सदा ही सफल होते हैं।
- आत्मविश्वास में वो ताकत है जो अंसभव को संभव बना सकती है।
- आत्मविश्वासी व्यक्ति अपने कार्य को पूरा किये बिना कभी नहीं रूकता।
- आत्मविश्वास हमारा सबसे बड़ा मित्र है और यह सदा हमारे साथ रहता है।
- जो व्यक्ति असंभव को संभव बनाना सीख लेते हैं वो हर मंजिल को जीत सकते हैं।
- आत्मविश्वास, अच्छे व्यवहार एवं गुणों से आप किसी का भी दिल जीत सकते हो।
- अच्छे और नेक कार्य करने के लिये कभी भी किसी शुभ मुहर्त की जरूरत नहीं होती।
- जिस किसी व्यक्ति के पास आत्मविश्वास है वो अपने हर सपनें को सच कर सकता है।
- संकट के समय आत्मविश्वास बनाऐं रखना आधी मंजिल तय कर लेने के बराबर होता है।
- केवल आशावादी व्यक्ति ही अच्छे–अच्छे विचार देने के साथ नई–नई खोज़ कर सकते हैं।

- जीवन में सहज़ता से कुछ नहीं मिलता जो संघर्ष करना जानते हैं मंजिल उसे ही मिलती है।
- जो व्यक्ति अपना आत्मविश्वास खो देता है, उसके पास खोने के लिये और कुछ नहीं बचता।
- आत्मविश्वास जैसा दूसरा कोई मित्र नहीं, यही हमारी उन्नति में सबसे बड़ा मददगार होता है।
- श्रद्धा का दूसरा नाम ही आत्मविश्वास होता है। आत्मविश्वास ही ईश्वर के प्रति सच्चा विश्वास है।
- मनुष्य की असफलता का एक ही कारण होता है और वो है स्वयं में आत्मविश्वास की कमी होना।
- कुछ कर गुजरने के लिये मौसम नहीं मन चाहिए, साधन सभी जुट जाऐंगे संकल्प का धन चाहिए।
- यदि हर परिस्थितियों में खुद को संभालना चाहते हो तो अपने आत्मविश्वास को कभी मत छोड़ना।
- हर व्यक्ति सफ़ल होना चाहता है लेकिन सफलता सिर्फ उन्हीं लोगों को मिलती है जो सक्षम होते हैं।
- जिस मनुष्य में आत्मविश्वास नहीं है वह शक्तिमान होकर भी कायर है और पंडित होकर भी मूर्ख है।
- एवरेस्ट पर चढ़ने की इच्छा पाल लेना एक बात है और वहाँ तक पहुँचना उससे बिल्कुल अलग होता है।
- किसी प्रकार की सफलता पाने के लिये सबसे पहले आत्मविश्वास को मजबूत करने की आवश्यकता होती है।
- बुलंदियों की उड़ान भरों तो इस बात का ख्याल रखना कि परिदें बताते हैं कि आसमान में ठिकाने नहीं होते।
- जिस प्रकार थोड़ी सी वायु से आग भड़क उठती है, उसी प्रकार थोड़ी सी मेहनत से किस्मत चमक उठती है।
- कामयाब व्यक्ति की सिर्फ चमक लोगों को दिखाई देती है, लेकिन उसने कितने अंधेरे देखे हैं यह कोई नहीं जानता।

- आग तो हर दिल में छिपी होती है चुनौतियों का मुकाबला करने के लिये बस सिर्फ उसे जगाने की जरूरत होती है।
- काम शुरू करने से पहले सोच–विचार करना अच्छी बात है लेकिन जब काम का समय हो तो सोचना बंद करके सिर्फ आगे बढ़ों।
- आत्मविश्वास के साथ हम गगन को भी चूम सकते हैं और बिना आत्मविश्वास के मामूली सी उपलब्धि भी हासिल नहीं की जा सकती।
- जो दुनिया को जीतने का हौंसला रखते है वो यह भी जानते हैं कि एक हार से कोई फ़कीर और एक जीत से कोई सिकंदर नहीं बनता।
- आत्मविश्वासी लोग यह जानते हैं कि यदि किसी काम को कोई दूसरा व्यक्ति कर सकता है तो हम भी उस काम को जरूर पूरा कर सकते हैं।
- अगर मन में हो विश्वास तो दुनिया भी देती है साथ, परंतु यदि हमारे विश्वास में थोड़ी भी कमी हो तो दुनिया तो क्या हमारा अपना शरीर भी नहीं देता हमारा साथ।
- जब आप परेशान हो तो आईने के सामने जाकर खड़े हो जाइये। उसमें आपको एक व्यक्ति नज़र आयेगा वही वह व्यक्ति है जो आपकी हर समस्या को हल कर सकता है।
- पेड़ की डालियों पर बैठे पक्षी उसके हिलने या उसकी कमजोरी से नहीं घबराते क्योंकि उन्हें अपने पंखों पर भरोसा होता है। इसलिये आप भी सदैव अपना आत्मविश्वास कायम रखे।
- हालात चाहे कितने भी बुरे क्यूं न हो जायें हमें कभी भी हिम्मत नहीं हारनी चाहिए। हर प्रकार के हालात से डट कर मुकाबला करने से ही अपनी मंजिल की ओर बढ़ा जा सकता है।

❑❑❑

3
जीत-हार

- लगातार प्रयास करने से ही जीत हासिल की जा सकती है।
- जो सुरक्षित है उस पर नाज़ करो, जो चला गया उसका गम मत करो।
- समय से बड़ा गुरू, दानी और बलवान इस संसार में दूसरा कोई नहीं है।
- हार मानने से पहले एक बार फिर से जीत की कोशिश जरूर करनी चाहिए।
- संसार को जीतने से पहले स्वयं अपने विकारों पर जीत पाना अत्यावश्यक है।
- जिंदगी की सबसे बड़ी भूल यही है कि किसी काम के लिये कोशिश न करना।
- कर्म करने के बाद किस्मत को मत कोसिये, एक न एक दिन फल जरूर मिलेगा।
- जीत की खातिर इरादों में जीत की गूंज और जुनून का होना ही काफी होता है।
- जीवन में हार होने पर रोइए मत बल्कि अगली तैयारी में जी–जान से जुट जायें।
- इच्छानुसार परिणाम पाने के लिये जरूरी है हम सही दिशा में दिल से प्रयास करें।

- जो व्यक्ति कुछ भी कार्य दूसरों से हट कर करते हैं उन्हें दुनिया हमेशा याद रखती है।
- छोटा रास्ता कभी भी मुसीबत में डाल सकता है और लंबा रास्ता मंजिल पर पहुंचाता है।
- सच की राह पर चलने वाले को परेशानी तो हो सकती है लेकिन वो कभी हार नहीं सकता।
- पैसा कमाना बहुत मुश्किल होता है लेकिन इसको पचाना उससे भी अधिक मुश्किल होता है।
- जानने वाले जानते हैं कि जमानें में परिवर्तन लाने के लिये सबसे पहले खुद को बदलना होगा।
- जीत के लिये जिम्मेंदारियों का बार–बार जिक्र करने की बजाए उन्हें संभालने की पहल करनी चाहिए।
- जब लोग किसी कार्य को असंभव बताऐं तो उन पर विश्वास मत करों, क्योंकि कुछ भी असंभव नहीं है।
- जिसने सीखना है वह एक चींटी से भी पंक्तिबद्ध होकर अपने काम में व्यस्त रहने की कला सीख सकता है।
- हम किसी भी जंग को 50 प्रतिशत सकारात्मक सोच और बाकी 50 प्रतिशत अपनी कोशिश से जीत सकते हैं।
- बीते हुए समय को कोई नहीं बदल सकता परंतु आप चाहें तो जीत के लिये आज एक नई शुरूआत कर सकते हों।
- आज हर कोई संसार को तो पढ़ने का दावा करता है लेकिन अपने मन को जानने के बारे में कोई प्रयास नहीं करता।
- जो बात दिल में हो उसे बोलने की हिम्मत रखों और जो बात किसी के दिल में है उसको समझने की समझ रखों।
- एक जीतने वाले और हारने वाले व्यक्ति के बीच जो फर्क है वह शक्ति और ज्ञान का नहीं है, बल्कि इच्छाशक्ति का होता है।
- जो लोग दूसरों की जिंदगी में दखलअंदाजी करते रहते हैं वो अक्सर अपनी जिंदगी को आगे ले जाने में पिछड़ जाते हैं।

- जब तक हमारा अपने ऊपर विश्वास नहीं बनता उस समय तक ईश्वर या उसके सिद्धान्तों के प्रति विश्वास कायम नहीं हो सकता।
- अपने जीवन से यदि पूर्ण तौर पर लाभ प्राप्त करना है तो अपने अंदर सोई हुई श्रद्धा और विश्वास को जगाना होगा।
- किसी भी प्रकार की परिस्थितियों से सामना तभी किया जा सकता है जब हम विवेक, धैर्यपूर्वक और संतुलित रहते हुए उनका मुकाबला करें।
- जो चल गया वो तीर जो नहीं चला वो तुक्का, ऐसा इसलिये कहा जाता है क्योंकि निशाना सिर्फ तीर से ही साधा जा सकता है तुक्के से नहीं।
- जिंदगी एक सुहावने सफर की तरह है परंतु आज तक इस बात को कोई नहीं समझ सका कि अगले पल किस के साथ क्या होने वाला है?
- समुंद्र की लहरें हमें बार–बार यही समझाती है कि जिंदगी में कई बार ठोकर खाकर गिरना पड़ता है, लेकिन फिर हिम्मत करके उठने से कभी भी घबराना नहीं चाहिए।
- यह सच है कि कुछ लोग जन्म से ही जीनियस होते हैं लेकिन इस बात को भी नकारा नहीं जा सकता कि मेहनत और कोशिश करके कोई भी व्यक्ति जीनियस बन सकता है।
- जिस प्रकार नदी के आगे से बांध हटा दिया जाये तो वो सहज बहने लगती है इस प्रकार मन से हर तरह के बुरे भाव निकाल दिये जाये तो जीत पक्के तौर से तय हो जाती है।
- उन लोगों को अफसोस नहीं करना चाहिए कि जो प्रयास करने के बावजूद अपने लक्ष्य तक नहीं पहुंच पाऐं, बल्कि अफसोस तो उन लोगों को करना चाहिए जिन्होंने अपने जीवन का कोई लक्ष्य ही नहीं बनाया।

❑❑❑

4
चुनौतियाँ जीवन की

- हर दिन जीवन में आगे बढ़ना भी एक चुनौती है।
- उन्नति का एक ही मार्ग है—अपने पैरों पर खड़े हो जाना।
- हज़ार मील का सफ़र भी एक कदम से ही आरंभ होता है।
- जीवन में कोई भी वस्तु संघर्ष के बिना नहीं पाई जा सकती।
- अगर खुशियों को पाना है तो हर पल संघर्ष करना ही होगा।
- अच्छी बातों को सुनना, समझाना और अपनाना भी एक चुनौती है।
- परिश्रम वह चाबी है जो हर किसी की किस्मत का दरवाज़ा खोल सकती है।
- हमारा दिमाग जिस चीज के बारें में सोच सकता है हम उसे पा भी सकते हैं।
- आगे बढ़ने और प्रगति करने के लिये हमेशा नेक कर्म करने की जरूरत होती हैं।
- वृक्ष अपने सिर पर गर्मी सहता है पर अपनी छाया में दूसरों का ताप दूर करता है।
- ढूंढने से कभी कुछ नहीं मिलता, हिम्मत करके हासिल करने से ही सब कुछ मिलता है।

- आज के समय में बच्चों को नैतिकता के बारे में सिखाना किसी चुनौती से कम नहीं है।
- बार–बार किसी भी काम को किया जायें तो एक न एक दिन सफलता जरूर मिलती है।
- अपने गुस्से पर काबू रख कर खुद को शांत रखना भी किसी चुनौती से कम नहीं होता।
- हर प्रकार की चुनौतियों का मुकाबला करने के लिये जीवन में लचीलापन बहुत जरूरी है।
- जो कोई खुश रहना सीख लेते हैं वो बहुत सारी चुनौतियों को हंसते–हंसते पार कर जाते हैं।
- किसी कार्य को पूरा करने में यदि मेहनत बहुत है वही इसके नतीजे़ भी उतने ही मजे़दार होते हैं।
- मनुष्य का जीवन एक महानदी की भांति है जो अपने बहाव द्वारा नवीन दिशाओं में राह बना लेती है।
- जो व्यक्ति श्रम और कर्म में विश्वास रखते हैं वो हर परेशानी का समाधान आसानी से खोज़ लेते हैं।
- किसी भी छात्र का जिस लक्ष्य में एक बार मन लग जाता है उसे वह श्रम से हासिल कर ही लेता है।
- जहाँ एक और सफलता पाना चुनौती है वही हार को कबूल करना भी किसी चुनौती से कम नहीं होता।
- जो कोई व्यक्ति अपने आप को संभाल कर चलता है उसका आने वाला कल अपने आप सुधर जाता है।
- चुनौतियों का मुकाबला बहुत संभल कर करना पड़ता है क्योंकि यही हमें जीत भी दिलाती है और हार भी।
- काम के साथ–साथ आप बेशक पार्टी–मौजमस्ती भी करें लेकिन अपने फ़र्ज के प्रति पूर्ण रूप से सजग रहें।
- जिंदगी एक संग्राम की तरह है, हर हाल में लड़ना ही पड़ेगा, जो इससे लड़ नहीं सकता वो आगे नहीं बढ़ सकता।

- जब तक आप किसी काम को चुनौती के रूप में स्वीकार नहीं करते उस समय तक सफलता पाना मुमकिन नहीं हो पाता।
- यह जरूरी नहीं कि आप सूरज बन कर ही दुनियां को रोशन कर सकते हैं, आप दीपक बन कर भी समाज में उजाला कर सकते हैं।
- हर बड़ी चीज एक छोटी सी चीज से ही बनती है। जैसे बड़ा पेड़ एक छोटे से बीज से एक बड़ी नदी एक–एक बूंद के मिलने से ही बनती है।
- पेड़ पौधे, नदियां–समुंद्र, धरती–पहाड़ एवं कुदरत द्वारा बनाई हुई हर चीज़ भगवान के शरीर का एक हिस्सा है, इसलिये इन सभी का सम्मान करें।
- हताश न होना ही सफलता का मूल है और यही परम सुख है। उत्साह मनुष्य को कर्मों में प्रेरित करता है और उत्साही ही कर्म को सफल बनाता है।
- अपने काम करते समय किसी भी प्रकार की गलतफहमी से बचना चाहिए और जहाँ तक हो सके हर प्रकार की परिस्थितियों में अपने काम से मोहब्बत करते रहना चाहिए।
- जिस प्रकार एक माचिस की तीली लाखों पेड़ों को जला देती है इसी प्रकार एक नकारात्मक विचार हमारे हजारों सपनों को जला कर राख कर सकता है, इसलिये हर चुनौती का मुकाबला करने के लिये सदैव सकारात्मक विचार ही रखें।

❑❑❑

5
लगन

- आधुनिक युग की सबसे महत्वपूर्ण मशीन घड़ी है।
- लगनशील व्यक्ति के लिये कोई भी लक्ष्य कठिन नहीं होता।
- जो व्यक्ति हमेशा उत्साहित रहते हैं सदा उनसे दोस्ती रखें।
- लगन से कार्य करने वाले कभी भी अड़चनों से नहीं घबराते।
- बिना लगन, मेहनत और ईमानदारी के प्रभु भी किसी का साथ नहीं देते।
- जिन चीजों को मनुष्य खर्च कर सकता है उनमें सबसे मूल्यवान समय है।
- घड़ी को न देखते रहें आप भी वही करें जो यह करती है, सदा चलते रहो।
- लगन और बुद्धिमानी के साथ किये हुए हर कार्य में सफलता जरूर मिलती है।
- हमें खुद पर इतना यकीन होना चाहिए कि हम दूसरों से बेहतर कर सकते हैं।
- फल की आशा त्याग कर कर्म करने वालों को ही अच्छे फल की प्राप्ति होती है।
- छोटा लक्ष्य रख कर हम किसी दूसरे का नहीं बल्कि अपना ही नुकसान करते हैं।

- मेहनत सदा इतनी खामोशी से करो कि सफलता शोर मचाने पर मजबूर हो जायें।
- सुख और सफलता पाने के लिये कल्पना करने के साथ मेहनत भी करनी पड़ती है।
- समय की कीमत जानने वाले एक सप्ताह में ही पूरे साल का मूल्य प्राप्त कर लेते हैं।
- हमें सदा एक बात याद रखनी चाहिए कि सभी महान कार्य धीरे–धीरे ही पूरे होते हैं।
- उलझनों से भागना नहीं चाहिए, उलझनों को सुलझाने से मस्तिष्क को शक्ति मिलती है।
- मन में लगन हो तो आप कुदरत की बनाई हुई हर चीज से कुछ न कुछ सीख सकते हो।
- यदि हमारे अंदर आत्मविश्वास नहीं है तो हम न जीतने का कोई न कोई बहाना ढूंढ ही लेगें।
- कार्य की अधिकता मनुष्य को परेशान नहीं करती, क्योंकि कार्य तो स्वास्थ्य देने वाली वस्तु है।
- जो व्यक्ति दूर की सोच कर कार्य नहीं करते उन्हें सदा परेशानियों का सामना करना पड़ता है।
- पूरी लगन से कर्म करने वाले दूसरों की ओर ध्यान न देकर सिर्फ अपने कर्मों की ओर ही ध्यान देते हैं।
- हर व्यक्ति अपने लक्ष्य को आसानी से पा सकता है क्योंकि हर किसी के अंदर ऊर्जा का अटूट खज़ाना होता है।
- हम अपने बारे में जो कुछ सोचते हैं, जो कुछ बनना चाहते हैं यदि हम दिल से चाहें तो वो हम बन भी सकते हैं।
- बुद्धिजीवियों ने बहुत विचार–विमर्श के बाद यह निष्कर्ष निकाला है कि केवल लगातार मेहनत ही सफलता दिलाती है।

- जिस प्रकार हर ताले की एक चाबी होती है बिल्कुल ठीक उसी तरह हर समस्याँ का कोई न कोई हल जरूर होता है।
- जो काम घड़ों जल से नहीं होता उसे दवा के दो घूंट कर देते हैं और जो काम तलवार से नहीं होता वह एक छोटी सी सुई कर देती है।
- अपनी उत्रित का प्रयत्न करते रहिए। स्वयं को पतन की ओर मत ले जाइए, क्योंकि व्यक्ति स्वयं ही अपना मित्र है और स्वयं ही अपना शत्रु भी।
- यदि हमारा वर्तमान हमारे बीते हुए कल से अच्छा नहीं है तो इसका सीधा मतलब यह है कि हमारी लगन में कुछ न कुछ कमी रह गई है।
- जिस काम की तुम कल्पना करते हो उसमें जुट जाओं। साहस में प्रतिभा, शक्ति और जादू है। कोई भी काम साहस से शुरू करो पूरा अवश्य होगा।
- आज़ की पीढ़ी बिना कुछ मेहनत किये सब कुछ पाना चाहती है जबकि हर कोई जानता है कि बिना सच्ची लगन के कुछ नहीं पाया जा सकता।
- हम जिन चीजों की तलाश इधर उधर करते हैं वो असल में सब कुछ हमारे पास ही होता है। लेकिन हम उन्हें अपने अंदर न देख कर बाहर भटकते रहते हैं।
- किसी भी नये काम को शुरू करने से पहले हम इसलिये डरते हैं क्योंकि हम उसकी सफलता के बारे में कम और असफलता के बारे में अधिक सोचते हैं।
- जीवन धारा में सदा सहज बहने की कोशिश करनी चाहिएं अंहकारवश हो कर धारा के विरुद्ध तैरने का मतलब है प्रकृति से टक्कर लेना जो बहुत घातक हो सकता है।

❑❑❑

6
दृढ़ निश्चय

- परिश्रम करने के बाद सब्र करने वालों को सफलता जरूर मिलती है।
- छोटे मन से कोई बड़ा नहीं होता, टूटे मन से कोई खड़ा नहीं होता।
- इंसान का जन्म ऊपर उठने के लिये हुआ है नीचे गिरने के लिये नहीं।
- एक साधारण व्यक्ति ज्ञान पा कर और अधिक अच्छा इंसान बन सकता है।
- एक अच्छा दिमाग और एक अच्छा दिल हर काम को संभव बना देता है।
- जिन्होंने सफलता पाई है, उन्होने सपने कम देखे है और प्रयत्न अधिक किये हैं।
- मन में दृढ़ निश्चय कर लेने से ऐसा कोई भी कार्य नहीं है जो पूर्ण नहीं हो सकता।
- जो अपनी सभी परेशानियां भगवान के भरोसे छोड़ देते हैं भगवान उनका भरोसा कभी नहीं तोड़ते।
- जहाँ तक हो सके हमें अपनी जिंदगी में निरंतर अपने ज्ञान की धारा का विकास करते रहना चाहिए।
- कमियाँ तो हर कोई ढूंढ लेता है यदि कुछ ढूंढना ही है तो समस्याओं का हल ढूंढने का प्रयास करो।

- जिस काम को करने से पहले पूर्ण जानकारी हासिल कर ली जाये वह असंभव को भी संभव बना देती हैं।
- सफल होने का बस इतना सा रहस्य है कि सफलता की चिंता किये बिना पूरी लगन से कार्य में जुटे रहों।
- इंसान को सदा ऐसे गुण अपनाने चहिए कि अपनी शीतलता, संतोष और प्यार के रंग में सभी को रंग सकें।
- संसार में हम जो कुछ हासिल करते हैं वही नहीं बल्कि जो कुछ हम त्याग करते हैं वह हमें धनी बनाता है।
- बार–बार प्रयास करने पर भी यदि सफलता न मिले तो भी प्रयास करते रहना ही सफलता की निशानी होती है।
- जब तक हम किसी बड़े और अच्छे काम के बारे में सोचेंगे नहीं उस समय तक वो काम पूरा नहीं हो सकता।
- ऐसा व्यक्ति जीवन में कभी सफल नहीं हो सकता जो यह सोचता है कि सारी दुनिया करें काम और मैं करूँ आराम।
- किसी भी काम को ठीक ढंग से पूरा करने के लिये जरूरी है कि उस कार्य को सभी की रजामंदी और व्यवस्थित ढंग से किया जायें।
- यदि किसी कारणवश हमें किसी योजना में सफलता नहीं मिलती तो इसका सीधा मतलब यह है कि हमारी तैयारी में कोई न कोई कमी रह गई है।
- कभी भी लोग आपके बारे में टीका–टिप्पणी करें तो घबराना मत, बस यही बात याद रखना कि हर एक खेल में दर्शक ही शोर मचाते हैं खिलाड़ी नहीं।
- जीवन में कामयाबी तभी मिलती है जब व्यक्ति अपने व्यक्तित्व को इतना मजबूत बना लेता है कि नकारात्मक व्यवहार उसे प्रभावित न कर सकें।
- बड़ा आदमी बनने के लिये अपने आस–पास की हर छोटी से छोटी चीज़ के गुणों को अच्छे से पहचानों, यही बड़ा आदमी बनने के लिए प्रेरित कर पायेगी।

- कामयाब इंसान बनने के लिये सबसे पहले अपने परिवार को अच्छे से संभालना जरूरी होता है क्योंकि परिवार के सहयोग के बिना सफल होना मुमकिन नहीं होता।
- हम किसी भी मार्ग पर चले हमारे मन में कोई न कोई संदेह हमेशा बना रहता है। एक अच्छा गुण ही हमारा मार्गदर्शन करते हुए हमारी सभी शंकाएँ खत्म कर सकता है।
- छिपकली उड़ नहीं पाती फिर भी उड़ने वाले जीवों से अपना भोजन बना लेती है। व्यक्ति अपने लक्ष्य पर दृढ़ निश्चय से दृष्टि टिका कर रखें तो कुछ भी पाना असंभव नहीं है।
- शेर, छलांग मारने के लिए एक कदम पीछे लेता है, इसी तरह जब जिंदगी आपको पीछे धकेलती है तो कमर कस लो कि जिंदगी आपको एक ऊंची छलांग देने के लिए तैयार है।
- किसी भी परीक्षा के लिये तैयारी तो बहुत सारे लोग करते हैं लेकिन सफलता सिर्फ केवल उन्हीं लोगों को मिलती है जो उसके लिये अच्छे से टाईम–टेबल बना कर उसे ठीक से निभाते भी हैं।
- आम आदमी जिस काम को मुश्किल से कर पाऐं, उसे आसानी से कर लेने वाले को योग्य कहते हैं और योग्य आदमी जिस काम को असंभव कह दे उसे करने वाले को प्रतिभाशाली कहा जाता है।
- सुखमय जीवन जीने के लिये जरूरी है कि जितना हम खर्च करते हैं हमारी आय उससे अधिक होनी चाहिए, जिस प्रकार कमंडल में दो मुख होते हैं–एक बड़ा, जिससे जल भरा जाता है, दूसरा छोटा जिससे जल निकाला जाता हैं।

❑❑❑

7

विश्वास का दीपक

- अगर मन में पूर्ण विश्वास है तो आप कुछ भी हासिल कर सकते हो।
- बिना विश्वास के किसी भी कार्य को अंजाम तक नहीं पहुँचाया जा सकता।
- यदि प्रभु में विश्वास है तो अपनी मेहनत से इंसान को सब कुछ मिल जाता है।
- जिन सपनों के साथ संकल्प और विश्वास जुड़ा होता है वो अवश्य पूरे होते हैं।
- हमारी इच्छाऐं जितनी कमजोर होगी हमें परिणाम भी उतने ही कमजोर मिलेंगे।
- प्रेम–प्यार सभी से लेकिन विश्वास केवल कुछ खास लोगों पर ही करना चाहिए।
- आप अपने प्रभु से जो भी विश्वास के साथ मांगते हैं वो आपको जरूर मिलता है।
- अगर भगवान पर विश्वास है तो आपकी सुरक्षा स्वयं ही चट्टान की तरह बन जाएगी।
- बेहतर कल के लिये पूर्ण विश्वास के साथ अच्छे और बड़े सपने देखना जरूरी होता है।
- सफलता सिर्फ उन्हीं लोगो को मिलती है जिन्हें यह विश्वास होता है कि वो सफल होंगे।

- सत्य में कोई विश्वास नहीं करता है, न जानें झूठी बातों में सभी विश्वास क्यूं कर लेते हैं?
- विश्वास बनाने में वर्षों लग जाते हैं और तोड़ने में अविश्वास का एक झोंका ही काफी होता है।
- विश्वास उस कागज़ की तरह होता है जो एक बार कुचले जाने पर दुबारा कभी सीधा नहीं होता।
- बार–बार झूठ बोलने वाला आदमी जब कभी सच भी बोलता है तो उस पर कोई विश्वास नहीं करता।
- इंसान चाहे तो अपने हर ख्वाब को पूरा कर सकता है सिर्फ जरूरत होती है हमारा विश्वास कम न हो।
- अपने सपनों को हकीकत में बदलने के लिये हमें कभी भी अपने आत्मविश्वास में कमी नहीं आने देनी चाहिए।
- चाहे गुरू पर हो या ईश्वर पर, विश्वास सदा रखना चाहिए। क्योंकि बिना विश्वास के सब बातें व्यर्थ होती हैं।
- नास्तिक वो नहीं जो ईश्वर पर विश्वास नहीं करता, असली नास्तिक तो वो है जो खुद पर विश्वास नहीं करता।
- रिश्ता चाहे कोई भी हो उसकी नींव विश्वास पर टिकी होती है, झगड़ा चाहे कैसा भी हो उसकी जड़ स्वार्थ ही होता है।
- किसी भी रिश्ते को खत्म करने के लिये कई कारण हो सकते हैं लेकिन उसे निभाने के लिये केवल विश्वास की जरूरत होती है।
- पढ़ाई–लिखाई, गुण तो सभी के पास हैं लेकिन असल जिंदगी वही जीता है जिसको खुद पर पूर्ण विश्वास होता है।
- प्रार्थना का दूसरा नाम ही विश्वास है। सदैव हर किसी को यही प्रार्थना करनी चाहिए कि कभी भी किसी के भाग्य में दुख न आएँ।

- जिस रिश्ते में पूर्ण विश्वास, ईमानदारी और समझदारी होती है। उस जिंदगी में वचन, कसम, नियम और शर्तों की कोई जरूरत नहीं होती।
- जिंदगी में सबसे ज्यादा दर्द दिल टूटने पर नहीं विश्वास टूटने पर होता है क्योंकि हम किसी पर विश्वास करके ही उससे दिल लगाते हैं।
- किसी भी सपने को पूरा करना काफी कठिन होता है, यदि मन में विश्वास का दीपक जलता रहे तो सपनों को हकीकत मे बदलते देर नहीं लगती।
- सपनों को देखने के बाद उन्हें हकीकत में बदलने की कोशिश जरूर करनी चाहिए क्योंकि सीढ़ियों को देखने से कुछ नहीं होता उन पर चढ़ना भी जरूरी है।
- रिश्ते और विश्वास दोनों ही दोस्त हैं। रिश्ता रखो या न रखो पर विश्वास जरूर रखना। क्योंकि जहाँ विश्वास होता है वहाँ रिश्ते अपने आप पनप जाते हैं।
- सदा अपने कर्मों पर विश्वास करो राशियों पर नहीं क्योंकि राम–रावण, कृष्ण–कंस, गांधी–गोड़से, ओबामा–ओसामा इनकी राशियां एक है पर कर्म अलग–अलग।
- शादी हमेशा विश्वास और समझौते के तालमेल से निभती है। परंतु आजकल पति पत्नी न तो एक दूसरे पर विश्वास करते हैं और न ही उनके विचार मेल खाते है।
- सपनें देखने वाले भी अच्छे होते हैं, काम करने वाले भी अच्छे होते हैं लेकिन सबसे अच्छे तो वो लोग होते हैं जो सपने तो देखते ही हैं साथ में विश्वास के साथ काम भी करते हैं।

❑❑❑

8

लक्ष्य

- कोई लक्ष्य हमारी सोच से बड़ा नहीं होता।
- हर चुनौती हमारे लिये सफलता का मार्ग खोलती है।
- कभी भी अपनी पहुँच से बड़ा लक्ष्य नहीं बनाना चाहिये।
- जब लक्ष्य प्राप्त होता है तो हमें नया जीवन मिलता है।
- गुमराह होकर आज तक कोई भी सुखी नहीं हो सका।
- लक्ष्य पाने के लिए हमेशा अग्रसर रहो, परंतु कभी भी ढ़ीगें मत हांकिए।
- यदि इच्छाओं का लक्ष्य तय कर लिया जाये तो सन्तुष्टि मिल सकती है।
- जीवन में सफलता उन्ही लोगों को मिलती है जिनका लक्ष्य तय होता है।
- लक्ष्य प्रप्ति के लिये कर्मशील के साथ गतिशील होना भी जरूरी होता है।
- लक्ष्य की दिशा में लगातार कर्म करने से ही सफलता हासिल हो पाती है।
- तत्काल सफलता पाने के लिये हर कार्य को बड़े ही प्रेमभाव से करना चाहिए।
- असफल आदमी कुछ भी बोलता रहे लेकिन उसकी ओर कोई ध्यान नहीं देता।

- अपने लक्ष्य पर मजबूती से टिके रहिए, एक न एक दिन मंजिल मिल ही जायेगी।
- जिंदगी में लक्ष्य पाने के लिये 'हाँ' के साथ 'ना' बोलने की कला भी आनी चाहिये।
- लक्ष्य तय करने और पूरी लगन से उसका पीछा करने वालों की उम्र लंबी होती है।
- जो श्रेष्ठ बनना चाहते हैं इसके लिए अच्छा कर्म और नियमितता अवश्य होनी चाहिए।
- हम काम तो सभी करते हैं परंतु सफलता उसे मिलती है जो लक्ष्य निर्धारित करता है।
- कोई लक्ष्य चाहे कितना भी छोटा या सरल क्यूं न हो उसे कभी भी अनदेखा मत करो।
- हम अपने जीवन के किसी भी प्रकार के दोष को ज्ञान के माध्यम से खत्म कर सकते हैं।
- जीवन संघर्ष ही नहीं लक्ष्य प्राप्ति का एक केंद्र भी है जिसके लिए कड़ी मेहनत जरूरी है।
- महान लक्ष्य की प्राप्ति के लिए यत्न करते–करते असफल हो जाना भी शान की बात होती है।
- हम अपना सोचा हुआ हर लक्ष्य तो नहीं पा सकते पर जिंदगी तो उम्मीद पर ही टिकी होती है।
- केवल सफलता ही मकसद नहीं होना चाहिए बल्कि पहला लक्ष्य तो संघर्ष करने का होना चाहिए।
- कुछ कर गुजरने के लिये मौसम नहीं मन चाहिए, साधन सभी जुट जाएंगे संकल्प का धन चाहिए।
- जिन्होंने अपने मनचाहे लक्ष्य हासिल किये हैं उन्होने सपने कम देखे हैं और प्रयत्न अधिक किये हैं।
- कदम–कदम पर कठिनाइयां मानव का रास्ता रोकती हैं और जो इनसे बचना जानते हैं वही ज्ञानी हैं।

- जीवन में यदि लक्ष्य का ठीक से मालूम न हो तो कभी भी अकेले नहीं बल्कि हमसफर के साथ चलो।
- अगर हो निगाह मंजिल पर और कदम हो राह पर तो ऐसी कोई राह नहीं जो मंजिल तक न जाती हो।
- कभी भी आखें मूंद कर हवा में तीर न चलाऐं, जब भी तीर चलाऐं तो वो सीधा निशाने पर लगना चाहिए।
- हमेशा मुस्कराना आसान नहीं होता लेकिन हर माहौल में खुश रहने वाले अपने लक्ष्य को जल्द पा लेते हैं।
- अवसरों की राह देखने वाले व्यक्ति साधारण होते हैं जबकि असाधारण व्यक्ति अवसरों के जन्मदाता होते हैं।
- जिंदगी कांटों का सफर है, हौंसला इसकी पहचान है, रास्ते पर तो सभी चलते हैं जो रास्ते बनाये वही इंसान है।
- उदासी, हताशा, शंका, हीनता भरे शब्दों को भूल कर जीत, जोश, खुशी और आत्मविश्वास जैसे शब्दों से दोस्ती रखें।
- आप कोई भी रास्ता चुनें परंतु फिर उस पर चलने के लिये पूरी हिम्मत और लगन से अपना 100 प्रतिशत समर्पित कर दें।
- जो लोग दूसरों की नकारात्मक बातें सुन कर अपना काम अधूरा छोड़ देते हैं वो कभी भी अपने लक्ष्य तक नहीं पहुंच पाते।
- किसी भी चीज़ को तोड़ना बहुत आसान है क्योकि तोड़–फोड़ तो पागल इंसान भी कर सकता है पर किसी वस्तु को गढ़ना उसके लिये बड़ा कठिन होता है।
- जब भी हम किसी लक्ष्य को पाने के बारे में सोचते हैं तो कुदरत भी हमारा साथ देती है। सकारात्मक सोच के चलते अच्छे लक्ष्य को पाना और भी आसान हो जाता है।

❑❑❑

9
ज्ञान ज्योति

- अपनी अज्ञानता को जानना ही सच्चा ज्ञान है।
- ज्ञान का अमीरी या गरीबी से कोई संबध नहीं होता।
- ज्ञान का मिल जाना ही परमात्मा का मिल जाना होता है।
- सच्चा ज्ञान वही है जिसे पढ़ कर उस पर अमल किया जा सकें।
- मंजिल तक वही पहुंच पाते हैं जो गिरना और संभलना जानते हैं।
- अपने ज्ञान का अहंकार करना ही सबसे बड़ी अज्ञानता कहलाती है।
- मूर्खों से तारीफ़ सुनने से बुद्धिमान की डांट सुनना ज्यादा बेहतर है।
- गलतियाँ करना तभी सार्थक होता है जब हम उनसे कुछ सीखते हैं।
- आज ईश्वर के साथ चलो और कल के लिये उसके ऊपर भरोसा रखो।
- परछाई, सपनों और यादों को अपने से दूर करना बहुत कठिन होता है।
- अच्छे गुण जहाँ से भी मिले उन्हें ग्रहण करने में देरी नहीं करनी चाहिए।
- धन एक अच्छा सेवक तो हो सकता है परंतु स्वामी बहुत खराब होता है।

- फल की अभिलाषा छोड़कर कर्म करने वाला मनुष्य ही मोक्ष प्राप्त करता है।
- गलतियां करने की कोई मनाही नहीं है लेकिन उन्हें स्वीकार करना भी सीखिए।
- यदि किसी व्यक्ति को सुधारना चाहते हो तो बार–बार उसके दोष मत गिनवाओं।
- जो अपने लिये नियम नहीं बनाता उसे सदा दूसरों के नियमों पर चलना पड़ता है।
- सफल व्यक्ति सोचता है कि क्या सही है, असफल व्यक्ति सोचता है कि क्या गलत है।
- ज्ञान का एक अंश भी पाने के लिये सबसे पहले अहंकार को पूरी तरह से त्यागना होगा।
- कभी किसी से घृणा मत करो क्योंकि इस दुनिया में घृणा करने लायक कोई है ही नहीं।
- दूसरों के दुख पर कभी भी अपनी खुशी का निर्माण करने की कोशिश नहीं करनी चाहिए।
- हमारे मां–बाप चाहे बिल्कुल अनपढ़ हो लेकिन जिंदगी के सबसे अहम पाठ वोहि सिखाते हैं।
- सफल व्यक्ति ऐसे काम करने की आदत डाल लेता है जिन्हें असफल लोग नहीं करना चाहते।
- खुद को महान और दूसरों को नीचा समझ कर कभी किसी को कुछ नहीं सिखाया जा सकता।
- विश्वास उस कागज़ की तरह होता है जो एक बार कुचले जाने पर दुबारा कभी सीधा नहीं होता।
- आज के इंसान भगवान के मार्ग पर ज्ञान के कारण नहीं बल्कि मौत के डर की वज़ह से चलते हैं।
- संसार हर उस व्यक्ति को जगह देने के लिए हट जाता है जो जानता है कि वह कहाँ जा रहा है।

- मां–बाप के कठिन समय में हम उन्हें ही जीना सिखाने लगते हैं जिन्होने हमें जीवन दिया होता है।
- कोई भी इंसान बड़ी–बड़ी बातें करके नहीं बल्कि छोटी–छोटी बातों को समझने से समझदार होता है।
- ज्ञान के पास दिशा होती है, इंसान सही दिशा के होते हुए फिर भी न जानें अपनी दशा पर क्यूं रोता है।
- छोटी–छोटी बुराइयों को भी अपने पास न आने दें क्योंकि अन्य बड़ी बुराइयां इनके पीछे–पीछे ही आती हैं।
- हम जो कुछ पाना चाहते हैं वो तो अच्छा होना ही चाहिए साथ ही उसे पाने का रास्ता भी अच्छा होना चाहिए।
- अगर आप अच्छी फसल की उम्मीद रखते हैं तो उस बीज की जांच अच्छे से कर लो जो आप आज बो रहे हो।
- दुनिया में जी कर तो सभी जाते हैं लेकिन मुकद्दर का सिंकदर वही कहलाते हैं जो दुनिया में कुछ खास करके जाते हैं।
- ज्ञानी लोगों की यह खासयित होती है कि वो नीति से कमाते हैं, रीति से खर्च करते हैं और प्रीति से दान करते हैं।
- हमेशा अपने मन में सदा माता–पिता के प्रति सेवा भाव रखें क्योंकि संतान को जो कुछ भी मिलता है वो माता–पिता के कारण ही मिलता है।
- शरीर कभी भी पूरा पवित्र नहीं हो सकता फिर भी सभी इसकी पवित्रता की कोशिश करते रहते हैं जबकि मन पवित्र हो सकता है, मगर अफ़सोस कोई कोशिश नहीं करता।
- एक दिन किसी ने महात्मा से पूछा कि कभी कोई अपना आपको छोड़ कर चला जायें तो आप क्या करोगे? उन्होंने जवाब दिया कि अपने कभी छोड़ कर नहीं जाते और जो चले जायें वो अपने नहीं होते।

❑❑❑

10
गुणों की खान

- श्रद्धा ज्ञान देती है, नम्रता मान देती है और योग्यता स्थान देती है।
- अच्छे गुण और अच्छी सोच हमें सदा ही सही मार्ग पर ले जाती हैं।
- कभी भी इतना ऊँचा मत उड़ो कि जमीन पर वापिस आ ही न सको।
- जो बुर्जुगों की सेवा नहीं करते उसे जीने का नैतिक अधिकार नहीं है।
- मूर्ख लोग बिना सोचे–समझें दूसरों पर हंसते हैं और बुद्धिमान खुद पर।
- आपस में मिलजुल कर काम करने से तरक्की का रास्ता आसान हो जाता है।
- इससे पहले की हमारा क्रियाकर्म हो जाये हमें अपना कार्यक्रम ठीक कर लेना चाहिए।
- जिंदगी जीने का मकसद तभी खास बन सकता है जब हमें अपने आप पर पूर्ण विश्वास हो।
- विद्वान लोगों का मानना है कि उपदेश और आलोचना भी एक दायरे में रह कर करनी चाहिए।
- तर्क द्वारा कभी किसी को कुछ नहीं समझाया जा सकता चाहें हम उसके साथ युगों तक तर्क करते रहें।

- ताकतवर को महावीर नहीं कहते बल्कि मन की इच्छाओं पर विजय पाने वाले को महावीर कहते हैं।
- एक तरफ यदि धर्म गुणों की खान है तो दूसरी ओर सबसे अधिक झगड़ों का कारण भी धर्म ही है।
- जिन लोगों के पास प्रेम देखने वाली दृष्टि होती है उन्हें सारी सृष्टि में प्रेम ही प्रेम दिखाई देता है।
- आप चाहें किसी भी धर्म में विश्वास करें परंतु सभी का संदेश एक ही है कि 'सबका मालिक एक है'।
- इससे पहले की शरीर काम करना बंद कर दे आप इस शरीर से बुजुर्गों की सेवा करके पुण्य कमा लें।
- हम अपने सहयोगियों की सिर्फ कमियाँ न देखे बल्कि उनकी खूबियों को भी खुशी–खुशी स्वीकार करें।
- जब कभी कैरियर या किसी नये व्यापार की बात हो तो हमें सदा योग्य व्यक्ति से मार्गदर्शन लेना चाहिए।
- पढ़ाई–लिखाई के मामले में सदा एक अच्छे गाइड की बात मानिए तो आपको परिणाम भी बहुत अच्छे मिलेंगे।
- जो कोई अपने गुरू के प्रति सच्ची श्रद्धा रखते हैं और निष्ठावान होते हैं उन्हें समाज़ में पूर्ण रूप से सम्मान मिलता है।
- तर्क जब हम प्यार और नफ़रत से हट कर किसी रिश्ते को देखते हैं तो हमारा दृष्टिकोण बिल्कुल साफ़ हो जाता है।
- जो कुछ हम सोचते हैं, जो कुछ हम पाना चाहते हैं यदि दिल से चाहें तो यह सब कुछ आसानी से मुमकिन हो सकता है।
- घर के हर बुजुर्ग को मुखिया बनने का हक है लेकिन यह ध्यान रहें कि वो कभी भी हिटलर की तरह व्यवहार न करें।

- जीवन में यदि सुखी रहना चाहते हो तो हमें उपदेश देने की बजाए जो उपदेश लिखे हुए हैं उन पर अमल करना चाहिए।
- एक साधारण सा दीपक भी हमें यही सिखाता है कि यदि दूसरों का पथ प्रकाशित करना है तो खुद जलना भी पड़ेगा तपना भी पड़ेगा।
- हर सफल कार्य में आत्मविश्वास का बहुत महत्व होता है क्योंकि एक बड़ी खाई को दो छोटी छलांगों में पार नहीं किया जा सकता।
- कभी पत्नी, बच्चों या नौकर से गलती होने पर हम उन्हें तुंरत दंड दे देते है परंतु क्या हमने अपनी गलती पर कभी खुद को दंड दिया है।
- सवाल यह नहीं है कि कितना कुछ सीखा जा सकता हैं बल्कि असल सवाल तो यह है कि सीखा हुआ कितना कुछ अमल में लाया जा सकता है।
- यदि हम चाहते हैं कि कोई ऐसा वृक्ष हो जिससे हर किसी को फल, फूल और विश्राम मिले तो ऐसे पेड़ को लगाने में कभी–कभी सारा जीवन भी लग जाता है।
- इस ज़माने में हर कोई अपनी तकदीर को हकीकत में बदलने की कोशिश कर रहा है इसलिये किसी दूसरें से अपना सपना पूरा करने की उम्मीद नहीं रखनी चाहिए।
- यदि कभी खुद को बिल्कुल अकेले और बेसहारा समझों तो उस समय दूसरों का सहारा बनने की एक कोशिश कर के देखो, तुम्हें खुद–ब–खुद कई सहारे मिल जायेंगे।
- कभी–कभी खुद को जानने के लिये अकेला बैठना भी अच्छा होता है, लेकिन इस बात का ध्यान रखना भी जरूरी है कि हम इस दौरान अपने परिवार और समाज को अनदेखा न करें।

- जो लोग यह मानते हैं कि इस दुनिया से अच्छाई और नेकी खत्म हो गई है तो उन्हें यह भी याद रखना चाहिए कि आज भी दुनिया नेकी, करूणा, दया और भाईचारे के सहारे पर ही चल रही हैं।
- जिस प्रकार यदि कोई व्यक्ति जीते–जी अनपढ़ है तो वो मर कर विद्वान कैसे हो सकता है, ठीक उसी तरह यदि हम जीते जी अच्छे कर्म नहीं करते तो मरने के बाद मुक्ति के हकदार कैसे बन सकते हैं।
- कुछ लोगों का यह मानना है कि एक खास उम्र के बाद कुछ नया काम नहीं सीखा जा सकता जबकि असलियत यह है कि हर व्यक्ति अपने जीवन के आखिरी पलों तक कुछ न कुछ नया सीख सकता है।

❑❑❑

11

ज्ञान का सागर

- उत्तम ज्ञान और सद्‌विचार कभी नष्ट नहीं होते।
- ज्ञान के बिना संसार पागलों की टोली की तरह हैं।
- ज्ञान प्राप्ति के लिए हमें हमेशा प्रयत्नशील रहना चाहिए।
- ज्ञान वही है, जो अपने ज्ञान से दूसरों को लाभन्वित करें।
- बेहतर जिंदगी का रास्ता बेहतर किताबों से होकर जाता है।
- दूसरे लोगों के विचार सुनने से भी ज्ञान को बढ़ावा मिलता है।
- विद्या से सिर्फ जानकारियां ही नहीं ज्ञान भी प्राप्त करना चाहिए।
- ज्ञान प्राप्ति के लिये मन पूर्ण रूप से साफ और खुला होना चाहिये।
- अपनी अज्ञानता का एहसास होना ज्ञान की दिशा में एक बड़ा कदम है।
- ज्ञान वो धन है जो चाहे किसी से ले लो, कभी वापिस नहीं करना पड़ता।
- मनुष्य जितना ज्ञान में घुल जाता है उतना ही कर्म के रंग में रंग जाता है।
- ज्ञान की किरणें हमारे हर दुख को सुख में तबदील करने की शक्ति रखती हैं।

- ज्ञान एक ऐसी चीज है जिसे जन्म से लेकर मृत्यु तक प्राप्त किया जा सकता है।
- अंधकारमय जीवन को केवल ज्ञान के माध्यम से ही उज़ाले में बदला जा सकता है।
- सच्चे साहित्य का निर्माण एकांत चिंतन और एकांत साधना में ही किया जा सकता है।
- ज्ञान ही मनुष्य को सत्य का दर्शन कराता है जिससे इंसान का नेतृत्व महान बनता है।
- जिसके पास ज्ञान है वही संस्कारों की ऱक्षा के साथ–साथ इसका प्रसार कर सकता है।
- अज्ञानता के अंधकार को मिटाने के लिये केवल ज्ञान का दीपक ही मदद कर सकता है।
- हर अच्छी किताब में इतनी ताकत होती है कि वो हमारा जीवन संवार सकती है।
- जिस प्रकार नेत्रहीन के लिए दर्पण बेकार है उसी प्रकार बुद्धिहीन के लिये ज्ञान बेकार है।
- ईश्वर को पाने के लिये सबसे पहले ज्ञान का पाना जरूरी है, क्योंकि ज्ञान ही भगवान है।
- ज्ञान से सिर्फ हमें ही नहीं, हमारे परिवार, रिश्तेदारों और दोस्तों को भी फायदा मिलता है।
- क्या आपको जीवन रूपी वृक्ष का ज्ञान है या आप केवल इसकी टहनियों के नीचे ही खड़े हैं?
- अच्छे विचार ज्ञानवान की पकड़ में रहते हैं जबकि साधारण लोग विचारों की पकड़ में रहते हैं।
- जो पुस्तकें तुम्हें सबसे अधिक सोचने के लिए विवश करती हैं, वही तुम्हारी सबसे बड़ी सहायक हैं।
- हमारे अंदर ज्ञान का भंड़ार है लेकिन अफ़सोस बहुत कम लोग ही इसका सही फ़ायदा उठा पाते हैं।

- जैसे जल द्वारा अग्नि को शांत किया जाता है वैसे ही ज्ञान के द्वारा मन को शांत रखा जा सकता है।
- किताबें ऐसी शिक्षक हैं जो बिना कष्ट दिए, बिना आलोचना किए और बिना परीक्षा लिए हमें ज्ञान देती हैं।
- जो बोलता है वो कभी भी ज्ञान हासिल नहीं कर पाता, क्योंकि ज्ञान सिर्फ श्रोता ही हासिल कर सकते हैं।
- जो कोई जिंदगी के मायने अच्छे से जान लेते हैं वो ज्ञान के माध्यम से दूसरों का भी भला करते रहते हैं।
- ज्ञान धन से उतम होता है क्योंकि धन की हमें रक्षा करनी पड़ती है और ज्ञान हमारी हर समय रक्षा करता है।
- बहुत अधिक ज्ञान हासिल करने का एक यह लाभ होता है कि हमें अपने मन की अज्ञानता दिखाई देने लगती हैं।
- हमें यह कभी नहीं भूलना चाहिए कि मनुष्य जीवन ही सर्वश्रेष्ठ है और इससे बढ़ और कोई कर वरदान नहीं हो सकता।
- जिस प्रकार रात्रि का अंधकार केवल सूर्य दूर कर सकता है, उसी प्रकार मनुष्य की विपत्ति को केवल ज्ञान ही दूर कर सकता है।
- ज्ञान को पाने के लिये सबसे पहले छल–कपट को छोड़ना जरूरी होता है क्योंकि शुद्ध मन वाले मनुष्य के अंदर ही ज्ञान फलीभूत होता है।
- रात कितनी भी काली क्यूं न हो दीपक उससे कभी नहीं डरता, इसी से यह साबित होता है कि ज्ञान और आत्मविश्वास में कितनी शक्ति होती हैं।
- हमें अपना दिमाग किसी पिंजरे में बंद रखने की जरूरत नहीं है क्योंकि यह तो उस सुंदर बगीचे की तरह है जिसे जितना विकसित किया जायें उतना ही खूबसूरत ढंग से निखरता है।

❑❑❑

12
आशा का सवेरा

- वह सच्चा साहसी है जो कभी निराश नहीं होता।
- कल के सभी फूल आज के बीज़ों से ही पैदा होते हैं।
- सुबह का पहला घंटा पूरे दिन की दिशा तय करता है।
- बिना उम्मीद के जीवन जीना, जीना छोड़ने के सामान है।
- छत की मरम्मत उस समय करनी चाहिए जब सूरज चमक रहा हो।
- जागते हुए जो सपने देखे जाते हैं उन्हीं का दूसरा नाम आशा है।
- यदि आप चाहों तो अपने जीवन को बहुत मूल्यवान बना सकते हो।
- कोई भी निर्णय जल्दी करना चाहिए मगर देर तक सोचने के बाद।
- खाली जेब और भूखा पेट इंसान को बहुत कुछ नया सिखा देते हैं।
- बिना आशा और विश्वास के कुछ भी हासिल नहीं किया जा सकता।
- हमारी जिंदगी में जो कुछ भी होता है वो आशा का ही नतीजा होता है।
- सपने हमेशा सच नहीं होते पर जिंदगी तो उम्मीद पर ही टिकी होती है।

- यदि आपका पड़ोसी जल्दी उठता है तो आप उससे भी ज्यादा जल्दी उठों।
- निराशाजनक परिस्थितियों में भी इंसान को कभी आशा नहीं छोड़नी चाहिए।
- कोई भी दूरी महत्वपूर्ण नहीं होती, मुश्किल तो सिर्फ पहला कदम ही होता है।
- एक ही समय में हम कुछ काम तो कर सकते हैं परंतु सब कुछ नहीं कर सकते।
- जो दुनिया को हिलाने की बात करता हो, सबसे पहले उसे खुद हिलना चाहिये।
- हमें कभी भी अपने सारे सपने पूरे करने के लिये एक ही उम्मीद पर नहीं टिके रहना चाहिए।
- थोड़ी बहुत निराशा से घबराने की बजाए असीमित आशा का दामन कभी नहीं छोड़ना चाहिए।
- सफलता के लिये जरूरी है कि आप घड़ी के नहीं बल्कि घड़ी को अपना गुलाम बना कर रखो।
- पुण्य की कमाई घर की शोभा बढ़ाती है जबकि पाप की कमाई सारे खानदान को नष्ट कर देती है।
- क्या आप जिंदगी से प्रेम करते हैं? तो फिर समय बर्बाद न करें, क्योंकि जिंदगी इसी से बनी हुई है।
- सच्ची सफलता पाने के लिये खुद से यह चार सवाल पूछोः क्यों? क्यों नहीं? मैं क्यों नहीं? अभी क्यों नहीं?
- जो लोग हिम्मत हारने और उम्मीद खोने से इंकार कर देते हैं वो हर ख्वाब को हकीकत में बदल सकते हैं।
- जो सुबह उठ कर थोड़ी देर खुश रहना जानते हैं तो बाकी का दिन ऐसे लोगों की परवाह खुद कर लेता है।
- सौ बरस जीने के लिए उन सभी सुखों को छोड़ना पड़ता है जिन सुखों के लिए हम सौ बरस जीना चाहते हैं।

- युवा पीढ़ी आसानी से धोखे में आ जाती है क्योंकि वो सब कुछ समय से पहले और उम्मीद से अधिक पाना चाहते हैं।
- हमारे जीवन के हालात चाहें कितने भी अंधकारमय क्यूं न हो जाये लेकिन आशा का दीपक सदा जलते रखना चाहिए।
- जब आप अपने अतीत को अपने हाथों से पकड़ कर रखेंगे तो वर्तमान को पकड़ने के लिए आपके हाथ बंधे ही रह जायेंगे।
- कुछ लोग सपने तो देखते हैं लेकिन कर्म नहीं करते, कुछ कर्म करते हैं लेकिन सपने नहीं देखते, यह दोनों ही बाते गलत हैं।
- कहने वाले तो हर हाल में कुछ न कुछ कहेंगे ही। जीवन में परिवर्तन लाने के लिये कुछ कहने की बजाए सुनने की आदत डालिए।
- सामने वाला जब गुस्से में हो तो थोड़ी देर चुप रहने से हालात बिगड़ने से बच सकते हैं। वैसे भी हर सवाल का जवाब देना जरूरी नहीं होता।
- हमें हर समय यह आशा नहीं करनी चाहिए हर कोई हम से प्यार करें और हमारी हर बात पर ध्यान दें, इसके बजाए हमें दूसरों से प्यार करना और ध्यान रखना आना चाहिए।
- हम लोग अपने कपड़ों से लेकर जूतों तक हर चीज़ मिलान करके पहनते हैं, फिर अपने स्वभाव में थोड़ा सा मिलाने लाने की आदत क्यूं नहीं डाल सकते।
- प्रभु से कुछ मांगने पर यदि कुछ न मिले तो हमें उससे नाराज़ नहीं होना चाहिए क्योंकि परमात्मा वह नहीं देता जो हमें अच्छा लगता है बल्कि वह देता है जो हमारे लिये अच्छा होता है।

❑❑❑

13

खुशी और खुशहाली

- हंसना, खुश रहना दीर्घायु की संजीवनी बूटी है।
- थोड़ा बहुत हंसने से जीवन बहुत आसान हो जाता है।
- अपनी सुरक्षा के लिये सबसे बड़ा हथियार है मुस्कराहट।
- अच्छे माहौल, सकारात्मक रवैये से प्रसन्नता और खुशी मिलती है।
- हर मुस्कान हमारे साथ–साथ दूसरों की पीढ़ा भी कम कर जाती है।
- हंसी–खुशी की महक दूर–दूर तक के वातावरण को महका सकती है।
- खुशी आपके व्यक्तित्व की असली नींव है, लिहाजा सदा प्रसन्न रहिए।
- प्यार बांटने से खुशियाँ बढ़ती हैं और गम बांटने से दुख कम होता है।
- जीवन में ताजगी और खुशहाली लाने के लिये बदलाव जरूरी होता है।
- जीवन के हर पल का अच्छे से अच्छा उपयोग करें तो खुशी ही मिलेगी।
- हंसना भक्ति है, हंसना मुक्ति है, मुस्कराना जप है, खिलखिलाना तप है।
- मुस्कान पाने वाला मालामाल हो जाता है पर देने वाला दरिद्र नहीं होता।

- असली खुशी इस बात पर टिकी होती है कि हम क्या और कैसे सोचते हैं।
- दूसरों को खुश करने के लिये बड़प्पन की नहीं महानता की जरूरत होती है।
- व्यायाम, काम और आराम तीनों को संतुलित करने से मन सदा खुश रहता है।
- खुश रहने का सबसे आसान तरीका है कि दूसरों की खुशी में शामिल हो जाओ।
- जब तक हम वर्तमान में खुश नहीं रहते, भविष्य में हम कभी खुश नहीं हो सकते।
- इस दुनियां में यदि आपको कोई खुश कर सकता है तो वो सिर्फ आप खुद ही है।
- हम छल–कपट करके दौलत, शौहरत तो पा सकते हैं परंतु खुशी और खुशहाली नहीं।
- जब हंसी–मजाक की जगह उदासी दिखने लगे तो समझ लो कि हनीमून खत्म हो चुका है।
- मुंह खोलकर तो सब हंसते हैं पर जो दिल खोलकर हंसते हैं उन्हें दिल का दौरा नहीं पड़ता।
- हंसी बिल्कुल मुफ्त दवा है, यदि यह असर न करे तो इसकी खुराक थोड़ी सी बढ़ा देनी चाहिये।
- किसी दूसरे पर हंसने की बजाए खुद पर हंसना सीखों फिर देखना आप पर कोई नहीं हंस पायेगा।
- हंसने से हर प्रकार के दर्द और गम का बोझ हल्का हो जाता है, इसलिये खुश रहने में कजूंसी न बरतें।
- जो लोग मन को यह छोटी सी बात समझाने में कामयाब हो जाते हैं वो हर परिस्थिति में खुश रहते हैं।
- हंसी छूत की बीमारी है, आपको हंसी आई नहीं कि दूसरे को ज़बरदस्ती अपने दांत निकालने ही पड़ते हैं।

- खुशी को ढूंढने की जरूरत नहीं होती, जरूरत है तो सिर्फ परेशान करने वाली बातों से छुटकारा पाने की।
- खुशियों को जितना लुटाओ यह सफलता, समृद्धि और कामयाबी के रूप में दौगुनी होकर हमारे पास लौटती है।
- एक हंसमुख व्यक्ति खुशी का फव्वारा होता है, उसकी हंसी के शीतल छीटें हर किसी के मन को सुकून पहुंचाते हैं।
- जब हमारे आसपास कोई न हो और हम फिर भी मुस्कराऐं तो हमें समझ लेना चाहिए कि आज हमारा मन सच में खुश है।
- ढेरो धन–दौलत या सोने–चांदी के पा लेने से कोई खुश नहीं हो पाया, मन तो तभी खुश होता है जब आत्मा सन्तुष्ट होती है।
- यदि आप सभी को खुश नहीं रख सकते तो कम से कम एक व्यक्ति को खुश रखने का प्रयास करे जिसे आप रोज आईने में देखते हैं।
- हंसते हुए चेहरे को देख कर कभी भी यह मत सोचो कि इनको कोई परेशानी नहीं होगी, बल्कि ऐसे लोगों में यह काबलियत होती है कि वो हर परेशानी को ठीक से हल सकते हैं।
- खुशियां अमीर–गरीब का फर्क नहीं देखती। यह तो हमारे विचारों पर निर्भर करता है कि हमारे विचार कैसे हैं? यदि हमारे विचार सकारात्मक है तो खुशियां दौड़ती हुई हमारे पास चली आती हैं।
- सुख और शांति पाने का यह कदापि मतलब नहीं होता कि हम सारी दुनिया को पाने की तमन्ना मन में पाल लें। हर व्यक्ति खुश होने के लिये कोई न कोई मौका तलाशता है। क्या खुश होने के लिये इतना काफी नहीं है कि हमारे जीवन की सांसे चल रही हैं।

❑❑❑

14
अनुभव की पाठशाला

- सबसे मुश्किल काम है अपने मन को पवित्र रखना।
- अनुभव महज़ एक नाम है जो हम अपनी गलतियों को देते हैं।
- कोई भी वादा निभाने के लिये मजबूत इरादों की जरूरत होती है।
- अनुभव मनुष्य के विचारों को बदलने की ताकत रखते हैं।
- अपने हिस्से से अधिक इच्छा करना ही लालच कहलाता है।
- बच्चों की झूठी प्रंशसा करने से हम उन्हें और अधिक नकारा बना देते हैं।
- सच्चाई कड़वी जरूर होती है लेकिन यह बहुत लाभकारी होती है।
- संसार में प्यार तो हमेशा रहता है सिर्फ प्यार करने वाले बदलते रहते हैं।
- बहस अक्सर तथ्यों के आधार पर नहीं पक्षपात के आधार पर की जाती है।
- बुरी आदतों और अपनी वाणी को सुधारना भी पूजा–पाठ से कम नहीं होता।
- युवा पीढ़ी चाहे तो बुजुर्गों के अनुभव और हुनर से बहुत लाभ उठा सकते हैं।

- अनुभव वो कंघी है जो जिंदगी आपको तब देती है जब आप गंजे हो जाते हैं।
- बुर्जुगों के पास और कुछ हो या न हो परंतु अनुभव का बहुत बड़ा खज़ाना होता है।
- जो बिना ठोकर खाऐ मंजिल तक पहुंच जाते हैं उनके हाथ अनुभव से खाली रह जाते हैं।
- तर्क दिया तो बुद्धि के आधार पर जाता है लेकिन इसे प्रभावशाली दिल से बनाया जाता है।
- अनुभव से ही आदमी सही फैसला कर पाता है बेशक अनुभव गलत फैसलों से ही मिलता है।
- असफलता जीवन का एक हिस्सा है, निरंतर प्रयास करने से सफलता हासिल की जा सकती है।
- खुद को सुधारने और संवारने का सबसे अच्छा तरीका यही है कि दूसरों के अवगुणों को न देखे।
- कुदरत के खज़ानें ज्ञान के भंडार से भरे हुऐ हैं, परंतु उससे लाभ उठाने के लिए अनुभव आवश्यक है।
- पैसे लेने से पहले व्यक्ति पीछे–पीछे घूमता है, मगर पैसा देने के बाद आपको उसके पीछे घूमना पड़ेगा।
- जो सीढ़ी हमें ऊपर चढ़ने में मदद देती है उसे कभी भी काटने या गिराने की कोशिश नहीं करनी चाहिए।
- अपनी जरूरतें तो भिखारी भी पूरी कर लेते हैं परंतु ख्वाहिशें तो राजा–महाराजाओं की भी पूरी नहीं होती।
- जिंदगी में हर चीज़ की कीमत चुकानी पड़ती है। अगर कफ़न भी लेना हो तो अपनी जिंदगी देनी पड़ती है।
- उम्र बढ़ने के साथ–साथ ज्ञान भी बढ़ता रहता है। इसके सही इस्तेमाल से ही हमारा कल्याण हो सकता है।
- जन्मदिन का जश्न मनाने से पहले हमें यह भी सोचना चाहिए कि हमारी जिंदगी का एक और साल कम हो गया है।

- समय बहुत कम है जितना दम है लगा दो, कुछ लोगों को मैं जगाने की कोशिश करता हूँ कुछ लोगों को आप जगा दो।
- आज़ की पीढ़ी प्रेम–प्यार का दम तो बहुत भरती है परंतु जरूरत पड़ने पर रिश्तों में भी सौदेबाज़ी शुरू कर देती है।
- कहने वाले कहते हैं कि अक्सर लोग नशा करके बेहोश हो जाते हैं जबकि असलियत यह है कि बेहोश लोग ही नशा करते हैं।
- अच्छे लोगों का विरोध करने का भी एक तरीका होता है, वो भी लड़ते–झगड़ते हैं लेकिन झगड़े को लटकाते नहीं।
- कुछ लोग जीवन में मिली पहली असफलताओं के कारण यह मान लेते हैं कि अब उनसे जीवन में कुछ नहीं हो पायेगा।
- किसी चीज को समझने के लिए ज्ञान की जरूरत होती है, लेकिन महसूस करने के लिए अनुभव की जरूरत होती है।
- अनुभव बताता है कि सरकार के सबसे अच्छे रूप में भी जिनके हाथ में सत्ता होती है वो धीरे–धीरे भ्रष्ट हो जाते हैं।
- कुछ लोगों की अपनी दृष्टि में खोट होता है, परंतु वो इस बात को मानने की बजाए दुनियां में दोष निकालते रहते हैं।
- इससे पहले की दूसरों की सोच, उनके विचार और उनकी भावनाऐं हमारे दिल पर राज़ करे हमें अपनी सोच तैयार कर लेनी चाहिए।
- जीवन में सुखी और खुशहाल रहने का सबसे अच्छा उपाय यह है कि सबसे सेवा भाव तो रखो परंतु किसी से कुछ लेने की इच्छा कभी मत रखो।
- जिस प्रकार एक सूखे पेड़ को अगर आग लगा दी जाये तो वह पूरा जंगल जला देता है, उसी प्रकार एक पापी पुत्र पूरे परिवार को बर्बाद कर देता है।

❑❑❑

15

महान लोग

- महान लोग लंबे चाहे न हो परंतु ऊंचे बहुत होते हैं।
- कोई व्यक्ति जन्म से नहीं बल्कि अपने कर्मों से महान बनता है।
- आज तक हर व्यक्ति अपने कार्यों से ही महान बना है जन्म से नहीं।
- बच्चे अगर चाहे तो अपने मां–बाप का काया–कल्प कर सकते हैं।
- जो झुकना जानता है वही महान है और यही सबसे बड़ा गुण है।
- अच्छे और महान लोगों की नकल करना कभी भी गलत नहीं होता।
- बड़ा आदमी बनना आसान है परंतु श्रेष्ठ व्यक्ति बनना बहुत कठिन है।
- अपने से छोटो के प्रति स्नेह भाव रखना भी महानता का ही प्रतीक है।
- किसी की बात सुनिये या अनसुनी करिये परंतु अपने कर्म को कभी मत छोड़िए।
- खूबसूरत लोग हमेशा महान नहीं होते, जबकि अच्छे लोग हमेशा महान होते हैं।

- दुनियां में सबसे महान इंसान वही होता है जो अकेला मुश्किलों को झेल सकता है।
- खुद का पेट भरना आसान है परंतु जो दूसरों का पेट भरता है वह सचमुच महान है।
- जो दूसरों को जानता है वह विद्वान है जो स्वयं को जानता है वही बुद्धिमान होता है।
- जिसने अकेले रह कर अकेलेपन को जीतना सीख लिया वो सभी कुछ जीत सकता है।
- एक समझदार आदमी तब बोलता है जब दूसरे अपने शब्दों का इस्तेमाल कर चुके होते हैं।
- किसी भी काम को पूरा करने के बाद प्रशंसा की उम्मीद करने वाला कभी महान नहीं बन पाता।
- अपने अधिकारों के बारे में जानने से पहले यह जान लीजिए कि आप सही रास्ते पर हैं या नहीं।
- ज्ञानी लोग जलते हुए दीपक की तरह होते हैं जो हर किसी को ज्ञान का प्रकाश बांटते रहते हैं।
- उम्र से इंसान बड़ा और महान नहीं बनता, बल्कि बड़ाई तो उसके आचरण और व्यवहार से बनती है।
- सबसे अधिक ज्ञानी वही व्यक्ति होता है जो अपनी कमियों को समझ कर उनका सुधार कर सकता है।
- आप चाहे कितने भी महान क्यूं न बन जाओ लेकिन आप कभी भी सभी लोगों को खुश नहीं कर सकते।
- महान इंसान सिर्फ और सिर्फ अपने कर्म से पहचाने जाते हैं क्योंकि अच्छी बातें तो बुरे लोग भी कर लेते हैं।
- ज्ञान कभी भी अमीर लोगों से नहीं बल्कि फ़कीर लोगों से ही मिलता है इसीलिये सच्चे फ़कीर महान होते हैं।
- किसी महान व्यक्ति की बात पर अगर अमल करना है तो मन मजबूत करके कार्य करने के लिए भी तैयार रहना होगा।

- दूसरों के दोष गिनाने से आप गुणवान या विद्वान नहीं बन जाते, बल्कि बड़बोले कहलाते हैं, इसलिये बड़बोलेपन से सदा बचिए।
- मामूली लोग आम लोगों के बारे में बात करते हैं, मध्यम लोग, घटनाओं की चर्चा करते हैं, महान लोग विचारों का विश्लेषण करते हैं।
- हम सिर्फ उन लोगों से ही कुछ नया नहीं सीख सकते जो हमारे साथ हैं बल्कि अपने विरोधियों से भी बहुत कुछ सीखा जा सकता है।
- यदि आप किसी विषय के बारे में बहुत अच्छे से जानकारी हासिल करना चाहते हो तो उस विषय को दूसरों को सिखाना शुरू कर दो।
- मंजिल का रास्ता तो कोई भी महान व्यक्ति हमें दिखा सकता है लेकिन उस राह पर चलने के लिये प्रयास सिर्फ हमें ही करने पड़ेंगे।
- महान लोग शांति की खोज़ में घर–बाहर तो क्या महल तक छोड़ देते हैं और हम सभी शांति पाने के लिये महलों की खोज़ में रहते हैं।
- जो मूर्ख अपनी मूर्खता को जानता है, वह धीरे–धीरे सीख सकता है, परंतु जो मूर्ख अपने को बुद्धिमान समझता है उसका रोग कभी ठीक नहीं हो सकता।
- आज की दुनिया बेशक पैसे को प्राथमिकता देने लगी है लेकिन महान लोग जानते हैं कि असली सम्मान तो वही होता है जब लोग आपको प्यार से सिर आखों पर बिठाते हैं।
- हम में से कुछ लोग अज्ञानता वश ढोगी लोगों के चक्कर में फंस जाते हैं। ऐसे लोगों को एक बार यह विचार जरूर करना चाहिए कि एक बुझा हुआ दीपक किसी दूसरे के जीवन को क्या प्रज्जवलित करेगा।

- विद्वान लोग समझाते हैं कि जिस प्रकार मार्शल आर्ट में जब कोई आप के ऊपर वार करता है तो उस समय यदि आप आगे से हट जाते हैं तो आपकी शक्ति बच जाती है। इसी तरह जब आप बोलने वालों की बातों का जवाब नहीं देते उस समय आपकी ताकत बच जाती है और आपके सामने बोलने वाले की सारी शक्ति बेकार हो जाती है।

❑❑❑

16
संस्कारवान

- संस्कारवान व्यक्ति ही दूसरों के चरित्र को सुधार सकते हैं।
- संस्कारी लोग जानते हैं कि संतोष से बढ़ कर कोई सुख नहीं होता।
- अच्छे संस्कारों के अभाव में आज का युवा दिशाहीन होता जा रहा है।
- माता–पिता की सेवा से बड़ा कोई भी धर्म और पूजा इस दुनिया में नहीं है।
- अगर परिवार को संस्कारवान बनाना है तो पहले खुद भी संस्कार सीखने होंगे।
- खुद को खिलाना तन का सुख है और दूसरों को खिलाना मन का सुख होता है।
- कभी न गिरना कमाल नहीं होता बल्कि गिर के संभल जाना असली कमाल होता है।
- इंसानियत का सबसे बड़ा गुण प्यार होता है और दूसरा अच्छा गुण हमदर्दी होता है।
- संग्रह करना अच्छी बात है लेकिन इतना भी न जोड़ो कि आपको नरक में जाना पड़े।
- खुद और परिवार को संस्कारवान बनाने के लिए आवश्यक ध्यान और समय देना जरूरी है।

- सदा एक बात का ध्यान रहे कि हमारी इज्जत कभी किसी की बदनामी का कारण नहीं बने।
- अपने बच्चों को सुख–सुविधाऐं देने के साथ अच्छे संस्कार भी विरासत में देते रहना चाहिए।
- जब आखें किसी को गौर से देखती हैं उस समय दिल उसकी तस्वीर अपने पास रख लेता है।
- झुक कर चलने से इंसान छोटा नहीं होता और न ही किसी को झुका कर बहुत बड़ा हो जाता है।
- सब से अधिक खुशी आपको तभी मिल सकती है यदि आप अपना हर पल श्रेष्ठ कार्यों में लगाऐं।
- कलाकार, लेखक, वैज्ञानिक और संगीतकार एकांत में ही बैठ कर विकास की बातें सोच सकते हैं।
- आपकी कीमत का सही मूल्य इस बात से सामने आता है कि आपकी तुलना किस से की जा रही है।
- भगवान उस इंसान से कभी खुश नहीं होता जो इंसान भगवान की दी हुई वस्तुओं से खुश नहीं होता।
- शिक्षा से आपको केवल जानकारियां मिलती हैं जबकि ज्ञान के माध्यम से आप संस्कारवान बन सकते हैं।
- जो आपकी निंदा भी करता है उससे भी हंसकर बात करो, आपका निंदक ही आपका प्रशंसक बन जाएगा।
- अपने बच्चों के सामने अच्छे संस्कारों की ऐसी मिसाल पेश करें ताकि वो बुढ़ापे में आपका सहारा बन सकें।
- बुरे लोगों को घर के अंदर और अच्छे लोगों को घर के बाहर अधिक समस्याओं का सामना करना पड़ता है।
- बुद्धिमान वो होता है जो दूसरों के अनुभव से सीखता है लेकिन महान लोग वो होते हैं जो अपने अनुभवों से दूसरों को सिखाते हैं।

- इच्छा शक्ति सफलता का पहला किनारा है और किनारे पर जितनी कमजोर लहरें होंगी, किनारा उतना ही बदूबदार होगा।
- बीस ज्ञानी एक घंटे में जितने प्रश्नों उत्तर दे सकते हैं उससे कहीं अधिक प्रश्न मूर्ख व्यक्ति एक मिनट में पूछ सकता है।
- संस्कारवान लोग यह समझते हैं कि आज के मां–बाप युवा वर्ग को न तो अच्छे संस्कार दे पा रहे हैं और न ही नेतृत्व के गुण।
- जो कुछ हम अपने बच्चों को सिखाने की कोशिश करते हैं यदि उन पर खुद भी अमल करना शुरू कर दें तो यह संसार स्वर्ग बन सकता है।
- कड़वे शब्दों का इस्तेमाल कभी मत करो क्योंकि कड़वे शब्द रिश्तों को खत्म करके दुश्मनी के बीज़ बो देते हैं और दोस्तों को भी दुश्मन बना देते हैं।
- यदि आपकी आखें खूबसूरत है तो आपको सब कुछ आर्कषक दिखाई देता है, परंतु यदि आपकी जुबान मीठी है तो सारी दुनियां आपसे प्यार करती है।
- आप अगर बहुत अमीर इंसान नहीं भी है तो कोई बात नहीं, लेकिन अगर कोई आपको अपना बना ले तो कोशिश करके उसका गम जरूर खरीद लेना।
- मूर्खों से बहस करके कोई बुद्धिमान नहीं कहला सकता मूर्ख पर विजय प्राप्त करने का एक तरीका यह है कि उसकी बातों की तरफ ध्यान ही न दिया जायें।
- नदियां कभी भी अपना पानी नहीं पीतीं, पेड़ कभी भी अपना फल नहीं खाते, बादल कभी भी अपना पानी अपने लिये इस्तेमाल नहीं करते। इन बातो से हम इतना तो सोच ही सकते हैं कि हमारा अपना कुछ नहीं होता।

- संस्कारवान लोग पापी को कभी जागने नहीं देते और साधू को सोने नहीं देते। जिस प्रकार शेर जब तक सोता रहता है सारे जंगल के जानवर आराम से बैठे रहते हैं उसके उठते ही चारों ओर जान बचाने के लिये भगदड़ मच जाती है।

❑❑❑

17

महान हस्तियों की विचारधारा

- सही स्थान पर बोया गया बीज़ ही महान फल देता है।
- किसी प्रकार की भावना की अति नुकसानदायक हो सकती है।
- चिंता सदा हमें कमजोर करती है इसलिये चिंता से दूर ही रहना चाहिएं।
- ज्ञानी लोगों के ज्ञान से ही हमारे भीतर अच्छे संस्कारों का जन्म होता है।
- हम चाहें आसमान सिर पर उठा लें परंतु होगा वही जो विधाता को मंजूर है।
- गुलाब के फूल को चाहे कोई भी नाम दे दो, उसकी खुशबू में कोई कमी नहीं आती।
- कुछ लोग खुद तो लड़खड़ा कर चलते हैं लेकिन आसमानों से भी ऊपर की बात करते हैं।
- जब तक हमारा दृष्टिकोण नहीं बदलता उस समय तक हम कुछ भी बदलाव नहीं कर सकते।
- पापी चाहे कितनी भी चतुराई से पाप करें अंत में पापी को पाप का दंड भुगतना ही पड़ता है।
- यदि हम अपनी प्रशंसा सुनना चाहते हैं तो फिर आलोचना सहने की आदत भी डाल लेनी चाहिए।

- जब कभी ज्ञान–ध्यान की बातें सुनने को मिले तो उनकी भीतरी ताकत को पूरी गहराई से समझना चाहिए।
- सांप तो खज़ाने पर कुडली मार कर बैठता है, लेकिन इंसान तो चंद सिक्कों के लिये ही सांप बन जाता है।
- हमारी जिंदगी भी उस नदी की तरह है जिसे कभी दायें, कभी बायें, कभी ऊपर और कभी नीचे गिरना पड़ता है।
- जब हम एक दूसरे के विचारों को समझने लगते हैं तो फिर हर समस्या का समाधान आसानी से निकल आता है।
- दीपक सोने का हो या मिट्टी का, मूल्य दीपक का नहीं उसकी लौं का होता है जिसे कोई अंधेरा नहीं बुझा सकता।
- कुछ लोगों को बुजुर्गों की सलाह कड़वी लगती है लेकिन वो यह नहीं जानते कि इसमें कितनी मिठास छिपी हुई है।
- विद्वान लोगों की हर बात का गहरा अर्थ होता है जो उन्हें अच्छे से समझ लेते हैं उनका जीवन सफल हो जाता है।
- यदि अंसतोष की भावना को लगन व धैर्य से रचनात्मक शक्ति में न बदला जाएं तो वह खतरनाक भी हो सकती हैं।
- महान लोगों की शिक्षा तो सभी के लिये एक जैसी होती है लेकिन उनको पहचनाने वाला कोई–कोई पारखी होता है।
- जिस तरह एक दीपक सारे घर का अंधेरा दूर कर सकता है उसी तरह एक ज्ञानी व्यक्ति सारे कुल का दरिद्र दूर कर सकता है।
- इंसान एक दुकान की तरह है और जुबान उसका ताला। ताला खुलता है तभी मालूम होता है कि दुकान सोने की है या कोयले की।
- कहने को ज़माने में हजारों–करोड़ों इंसान बसते हैं लेकिन देखने और समझने वाली बात तो यह है कि इंसानियत कितने लोगो में है।

- हम साधू–संतों की इज्जत करते हुए उन्हें माथा तो जरूर टेकते हैं लेकिन मन ही मन यह डर सताता है कि कहीं हमारे बच्चे इस राह पर न चलने लगे।
- मन में किसी भी प्रकार का विकार आते ही हमारा तन भी अस्वस्थ होने लगता है। तन को मजबूत रखने के लिये मन का सदा पवित्र और स्वस्थ रहना जरूरी है।
- जब तक आप में दूसरों के दोष और कमियां ढूंढने की आदत बनी रहेगी उस समय तक आप किसी दूसरे का तो क्या अपना भला भी नहीं कर सकते।
- खूबसूरती हमेशा देखने वाले के मन में और नज़रों में होती है वरना कमियाँ निकालने वालों को तो ताज़महल में भी कमियाँ निकालने से बाज़ नहीं आते।
- स्वयं प्रकाशित दीप को भी प्रकाश के लिए तेल और बत्ती का जतन करना पड़ता है, बुद्धिमान व्यक्तियों को भी अपने विकास के लिए निरंतर प्रयास करने पड़ते हैं।
- दुनियां में एक ही जगह है जहां कोई भी व्यक्ति अपनी मर्जी से नहीं जाता और वो है शमशान, यहाँ तक कि मुर्दे को भी रस्सियों से बांध कर ले जाना पड़ता है।
- जब आप जीवन में सफल होते हैं तब आपके दोस्तों को पता चलता है कि आप कौन हैं लेकिन जब आप जीवन में असफल होते हैं तब आपको पता चलता है कि आपके दोस्त कौन हैं।
- प्रत्येक महान व्यक्ति कभी एक रोता हुआ बच्चा था, प्रत्येक भव्य इमारत पहले मात्र एक नक्शा थी, यह मायने नहीं रखता कि आज आप कहां है, बल्कि महत्वपूर्ण यह है कि एक दिन आप कहां होंगे?
- हमें सदा इस बात का ध्यान भी रखना चाहिये कि इन छोटे–छोटे मासूम बच्चों की जिंदगी की परिभाषा हम ने

ही लिखनी है। अगर आप उसे ठीक से लिख पाते हो तो इनका जीवन संवर जायेगा वरना तो एक तमाशा बन कर रह जायेगा।

❑❑❑

18

अनमोल समय

- समय धन से भी कीमती होता है।
- समय सबसे बुद्धिमान सलाहकार है।
- समय एक दिशा में बढ़ता है यादें दूसरी।
- समय वो स्कूल है जो हमें बहुत कुछ सिखाता है।
- समय को बर्बाद करने का मतलब है जीवन को बर्बाद करना।
- आज तक कोई भी इंसान समय का रिसाइकल नहीं कर पाया।
- सबसे कीमती चीज़ है समय, क्या हम इसका सदुपयोग करते हैं।
- आप इंतजार कर सकते हैं लेकिन समय किसी का इंतजार नहीं करता।
- समय को काटने की कोशिश न करो, वह तुम्हें पल–पल काट रहा है।
- जिसने समय के मूल्य को समझ लिया, समझों उसने सब कुछ पा लिया।
- जो लोग दूसरों को कोसते हैं वे अपना कीमती समय बर्बाद ही करते हैं।
- समय काटने का मतलब दरअसल यह होता है कि समय हमें काट रहा है।

- संसार का सबसे बड़ा दिवालिया वह है जिसने समय को बेकार गवां दिया है।
- समय एक अनमोल खज़ाना है जिसे कभी भी बेकार नहीं किया जाना चाहिए।
- अमीर लोग समय में निवेश करते हैं जबकि गरीब लोग धन में निवेश करते हैं।
- सब लौट आते हैं परंतु समय कभी लौटकर नहीं आता, लिहाजा इसकी कद्र करो।
- जीवन का कड़वा सच – अच्छा वक्त जरूर आता है मगर वो वक्त पर नहीं आता।
- अमीर बनने का मतलब है पैसा होना, बेहद अमीर बनने का मतलब है समय होना।
- समय बहुत शक्तिशाली होता है और बीत चुके समय को कोई वापिस नहीं ला सकता।
- यदि आप समय का मूल्य नहीं जानते हैं तो आपका जन्म शोहरत के लिए नहीं हुआ है।
- बीता हुआ समय कभी लौट कर नहीं आता इसलिये सुकून की बात सोचना ही गलत है।
- हम चाहें लाख कोशिश कर लें परंतु हम समय की गति में कोई बदलाव नहीं कर सकते।
- हर दिन की तरह यह समय भी बहुत अच्छा है बशर्ते हम जानते हों कि इसका क्या करें।
- घंटे और घड़ियाँ हमारी तिजोरी हैं और समय प्रकृति का खज़ाना जिसे कभी बेकार मत करो।
- समय बीत जाने पर एक नई परिभाषा लिखी जाती है लेकिन इसके लिए मेहनत बहुत जरूरी है।

- कानून उस डाकू को कभी नहीं पकड़ता जो इंसान की सबसे बेशकीमती चीज़ समय को चुराता है।
- जो व्यक्ति अपने हर मिनट का ध्यान रखता है फिर घंटे और दिन खुद उसका ख्याल रखने लगते हैं।
- जिन लोगों के पास खाली समय होता है, वह हमेशा काम करने वाले लोगों का समय बर्बाद करते हैं।
- जिस समय को कई बार हम अक्सर बर्बाद कर देते हैं उस समय में भी बहुत कुछ किया जा सकता है।
- एक वक्त था कि सोचता था कि कभी तो मेरा भी वक्त आएगा, अब यह सोचता हूँ कि वो भी क्या वक्त था।
- इंसान सबसे अधिक मौत और समय से डरता है क्योंकि इन दोनों को आज तक कोई भी अपने काबू में नहीं कर सका।
- अगर हमारे पास आज़ का काम ठीक से करने का वक्त नहीं है तो हमारे पास इसे फिर से करने का समय कभी नहीं होगा।
- जिंदगी में दो चीज़ खास हैं एक प्यार और दूसरा वक्त। वक्त किसी का नहीं होता और प्यार हर किसी से नहीं होता।
- खोई हुई दौलत, भूली हुई विद्या और खोया हुआ स्वास्थ्य फिर भी लौट सकते हैं पर खोया हुआ समय कभी नहीं लौट सकता।
- अवसर तो हर किसी को जिंदगी में मिलते हैं किंतु उनका सही समय पर सही तरीके से इस्तेमाल करने वाले ही जीनियस कहलाते हैं।
- कभी भी ऐसे पलों का इंतजार मत करो जो आपको निपुण बना सकें, बल्कि अपना हर काम इस तरीके से करो कि आने वाला हर पल गज़ब का बन जायें।

- समय का सद्‌पयोग ही समय का बचाव है। समय बचाने के लिये अपने सभी काम समय पर करने की आदत डालें। जो कोई हर काम को समय पर निपटाने की आदत बना लेते हैं उनका कोई भी काम समय के अभाव में अधूरा नहीं रहता।

❑❑❑

19
अनुशासन

- भीड़ अनुशासनहीनता का सबसे मुख्य कारण होती है।
- बहाने बनाने से आप दूसरों को तो संतुष्ट कर सकते हैं पर खुद को नहीं।
- बहुत कम लोग ऐसे होते हैं जो खुद अपने आप पर मज़ाक करना जानते हैं।
- बच्चों को डरा–धमका कर कभी भी अनुशासन का पाठ नहीं पढ़ाया जा सकता।
- सड़क पर धीरे चलोगे तो परिवार से मिलोगे तेज चलोगे तो यमराज से मिलोगे।
- हर वक्त अधिकारों की मांग से बेहतर है अपने कर्त्तव्यों के प्रति भी वफादार रहें।
- हमारे जीवन की मंजिल चाहे कोई भी हो अनुशासन सफलता की पहली सीढ़ी है।
- अनुशासन दिलों–दिमाग के लिये उतना ही जरूरी है जितना की शरीर के लिये व्यायाम।
- परिवार से अलग होने से आजादी तो मिल जाती है लेकिन 'संस्कार' खत्म हो जाते हैं।
- समाज के विकास के लिये आपसी भाईचारा, एकता के साथ अनुशासन भी जरूरी होता है।

- अगर आप जीवन में सफल होना चाहते हो तो अनुशासन को जल्द से जल्द अपनाना होगा।
- पग–पग पर आवश्यक अनुशासन में रहने वाला व्यक्ति अपनी हर इच्छा की पूर्ति कर सकता है।
- फलदार वृक्ष और गुणवान मनुष्य झुकते हैं पर सूखी लकड़ी और मूर्ख व्यक्ति कभी नहीं झुकते।
- कर्ज़ लेकर अपना काम चलाना अच्छी बात है लेकिन जल्दी से कर्ज चुकाना उससे भी अच्छी बात है।
- हमारे समाज में अलग–अलग विचारधारा के लोग हैं लेकिन सबके साथ मिलकर चलने में ही जीत है।
- मज़ाक सदा इस तरह का होना चाहिए जो दूसरों को खुशी तो दे मगर कभी किसी का दिल न दुखे।
- हमें कभी भी इस तरह से मज़ाक नहीं करना चाहिए कि बाद में हमें खुद ही उस मज़ाक पर शर्मिंदा होना पड़े।
- जिंदगी में असली सफलता हम तभी हासिल करते हैं, जब हम दूसरों को सफल होने में मदद करना सीख लेते हैं।
- यदि आप शासन करते हुए जीवन को चलाना चाहते हो तो उसका एक मात्र रास्ता यही है कि सदा अनुशासन में रहते हुए चलो।
- मौसम बदल रहा है दोस्तों अपना ख्याल रखना क्योंकि बदलता हुआ मौसम और बदलते लोग बहुत तकलीफ देते हैं।
- मुश्किल यह नहीं है कि कोई गैर हमें क्यों नहीं पहचानता, मुश्किल तो यह है कि हम स्वयं को क्यों नहीं पहचानते।
- जीवन की ऊचाईयां तो अपने ही कदमों से तय की जाती हैं, दूसरों के कंधों पर तो शमशान तक ही जाया जा सकता है।

- अधिकांश विवाद अज्ञानता के कारण ही पैदा होते हैं। अज्ञानता के कारण ही हम एक दूसरे को बुरा–भला तक कह डालते हैं।
- सदा वही काम करो जो अच्छा हो, बोलो वही जो सच्चा हो, खाओं वही जो प्रभु का प्रसाद हो पीओ वही जिसमें अमृत जैसा स्वाद हो।
- आज़ पढ़े–लिखे लोग तो बहुत हैं लेकिन पढ़ाई–लिखाई के साथ जो अनुशासन में रहना जानते हैं वो कभी भी बेरोज़गार नहीं रहते।
- एक अच्छे समाज़ की कल्पना तभी सच हो सकती है जब स्कूल के बच्चों से लेकर समाज का हर व्यक्ति अनुशासन में चलने का प्रण लें।
- एक अच्छा नागरिक बनाने के लिये बच्चों को अनुशासन का पाठ बचपन से ही सिखाया जाना चाहिए क्योंकि बड़े होकर यह पाठ पढ़ाना बहुत मुश्किल होता है।
- हम हर दिन केवल इसलिये गलतियाँ करते हैं क्योंकि हमें इस दुनिया में आना तो याद रहता है वापिस भी जाना है यह हम भूल जाते हैं।
- सब से बुरा वक्त वो है जब हमारे गुस्से और नाराज़गी के खौफ से हमारे माता–पिता हमें अपनी जरूरत बताना और नसीहत देना भी छोड़ दें।
- हमें सदा विधि के विधान पर विश्वास रख कर अपने कर्म करते रहना चाहिएं क्योंकि हमारे भाग्य की रेखा न कभी घटती है न कभी बढ़ती है।
- हमारे दर्द को देख कर यदि कोई खुश होता है तो कोई बात नहीं परंतु इस बात का ध्यान रहे कि हमारी खुशी से किसी को कोई तकलीफ या दर्द नहीं होना चाहिए।

- कई बार हमारे मज़ाक से इंसान ही नहीं बल्कि पशु–पक्षी भी बुरा मान जाते हैं। वो बेशक हमारी भाषा नहीं समझते लेकिन हमारे हाव–भाव से वो इतना जरूरत समझ जाते हैं कि हम उनका मज़ाक उड़ा रहे हैं।

❑❑❑

20
सही दिशा

- जीवन में काम करते हुए सही दिशा का ज्ञान होना भी अनिवार्य है।
- भाषा, समय और ईश्वर इनका वजूद केवल इनके सही उपयोग में है।
- यदि हमेशा खुश रहना चाहते हो कभी किसी से कोई उम्मीद मत रखो।
- अज्ञानी गुरू अपने चेले को भी केवल अज्ञानता की राह ही दिखा सकता है।
- आज़ का युवा बहुत समझदार है उसे हर मुद्दे के साथ मनोरंजन भी चाहिए।
- सारी धरती को स्वर्ग या नर्क बनाना सिर्फ और सिर्फ हमारे अपने हाथ में है।
- मनुष्य समाजिक प्राणी है इसलिये वो समाज की उपेक्षा करके नहीं जी सकता।
- किसी बुरी लत को छोड़ना और उसे गंभीरतापूर्वक निभाने में बहुत फर्क होता है।
- आकाश में उड़ने वाले पंछियों को भी अपने घर–परिवार की याद आती रहती है।
- आप कलयुग में या सतयुग में रहना चाहते हो यह चुनाव आपके हाथ में होता है।

- अपनी जरूरतें पूरी करना अच्छी बात है लेकिन दान देना उससे भी अच्छी बात है।
- अपनी रोटी मिल–बांट कर खाओ, सुखी रहने का यह एक सबसे कारगर तरीका है।
- वो लोग कभी भी बार–बार घड़ी नहीं देखते जिनका ध्यान काम निपटाने में होता है।
- सांझा की गई खुशी दुगनी हो जाती है और सांझा किया गया दुख आधा हो जाता है।
- क्या आप जानते हैं कि आपके विचार उस समुंद्र की तरह है जिसमें मोती पाये जाते हैं।
- हम कुदरत के साथ चाहे कैसा भी खिलवाड़ करे वो हमें हर हाल में स्वीकार करती है।
- मुस्कान बनाऐं रखो तो दुनिया साथ है वर्ना आंसूओं को तो आंखों में भी जगह नहीं मिलती।
- सही राह पर चलने से ही आप अपने हर कार्य को सफलतापूर्वक अंजाम तक पहुंचा सकते हैं।
- दूसरों को धोखा देना अच्छी बात नहीं लेकिन खुद को धोखा देना तो उससे भी बुरा होता है।
- जो व्यक्ति संघर्ष के मायने जान लेता है उसका हर कदम सार्थक दिशा में ही बढ़ता चला जाता है।
- केवल प्रकाश का अभाव ही अंधकार नहीं, प्रकाश की अति भी मनुष्य की आँखों के लिए अंधकार है।
- विश्व में हमारा आनन्द इस बात पर निर्भर है कि हम औरों के हृदय में कितना प्रेम संचारित कर सकते हैं।
- हास्य में वह शक्ति है कि वो हमारे हर दर्द को रोकने के साथ टॉनिक और राहत का भी काम कर सकता है।
- रात के डर से सूरज अपनी रोशनी देना बंद नहीं करता तो फिर नाकामयाबी के डर से हम अपना काम करना क्यूं बंद कर दें।

- समुद्र की तरह हमारा मन भी कभी शांत नहीं होता, इसमें भी हर समय कोई न कोई विचारों की लहर उठती ही रहती हैं।
- जो लोग यह सोचते हैं कि वह किसी प्रकार की सेवा करने योग्य नहीं है वह शायद पशुओं और वृक्षों को भूल जाते हैं।
- हमें नया काम करने से पहले यह विचार करना चाहिए कि उसे करने से क्या लाभ हो सकता और न करने से क्या नुकसान होगा।
- जीवन का सबसे अच्छा उपयोग है कि कुछ न कुछ लेखन कार्य किया जाऐं इसी से दुनियां आपको आपके जाने के बाद भी याद करती है।
- कुदरत ने हमें जो शरीर दिया है जो रंग दिया है उसे तो हम नहीं बदल सकते, हाँ यदि चाहें तो अपने जीने का ढंग जरूर बदल सकते हैं।
- वक्त जैसा भी हो अच्छा या बुरा बदलता जरूर है। इसलिये अच्छे वक्त में कभी भी ऐसा कुछ मत करो कि बुरे वक्त में हम अकेले रह जायें।
- आपकी किस्मत का लिखा हुआ आपसे कोई नहीं छीन सकता। परंतु जब प्रभु की कृपा हो जाये तो वो सब भी मिल जाता है जो हमारे भाग्य में नहीं है।
- सिर्फ बड़ी–बड़ी बातें करने से नहीं बल्कि अपने शरीर के हर अंग से जैसे आंख, कान, नाम, जुबान से कोई न कोई नेक काम करने से ही व्यक्ति महान बनता है।
- जैसे नदी बह कर आगे बढ़ जाती है और लौट कर नहीं आती ठीक उसी प्रकार रात और दिन हमारी आयु लेकर चले जाते हैं और फिर कभी नहीं लौटते।
- जब भी भगवान से कुछ मांगों तो धन–दौलत नहीं अच्छा नसीब मांगों क्योंकि दुनियां ने बैशुमार धन–दौलत वालों को अच्छे नसीब वालों के आगे झुकते कई बार देखा है।

- हमारे जीवन में मौसम से लेकर विचार तक हर समय बदलते रहते हैं। यहां तक कि हमारा शरीर भी बदलता रहता है। इस दुनियां में यदि कुछ अमर है तो वो है सच्चा प्रेम, इसलिये जब कभी किसी से प्रेम करो सच्चे मन से करो।

❑❑❑

21
जिंदगी की सुगन्ध

- खुशनसीब इंसान वही है जो सदा खुश रहना जानता हो।
- जीवन में खुशियां बांटने का राज मुस्कराहते हुए फूलों से सीखा जा सकता है।
- जो कोई हमेशा अपनी गलतियों पर ध्यान देते हैं एक दिन वह बुद्धिमान व्यक्ति कहलाते हैं।
- यदि आप किसी मौके पर ठीक से बोलना नहीं जानते तो वहां चुप रहना ही अच्छा होता है।
- जिस घर में प्रेम और विश्वास होता है उस जगह से बढ़ कर बेहतर जिंदगी नहीं हो सकती।
- अच्छी योजना बनाना बुद्धिमानी का काम है पर उसको ठीक से पूरा करना धैर्य और परिश्रम का।
- संसार में मनुष्य को अपनी पहचान कभी नहीं मिलती, कभी शीशा बदल जाता है तो कभी चेहरा।
- छोटी सी परेशानी से घबरा कर हर किसी के सामने अपना दुखड़ा मत रोइऐ वरना जमाना हंसेगा।
- जीवन में धन–दौलत के मिलने पर अहंकार करने की बजाए परमात्मा का शुक्रिया अदा करना चाहिए।
- बेहतर जिंदगी जीने के लिये हमें छोटे–छोटे कामों के लिये कभी भी दूसरों पर निर्भर नहीं रहना चाहिए।

- जीवन में उतार–चढ़ाव तो आते ही रहते हैं लेकिन हमें सदा अपनी जिंदगी गर्व और शान से जीनी चाहिए।
- यदि किसी सत्य को बोलने से कुछ बुरा हो रहा हो तो ऐसे में सच को छोड़ कर झूठ बोलना भी ज़ायज़ है।
- बेहतर और आनंदमय जीवन जीने के लिये हर किसी से मुस्कराते हुए मिलें और प्यार की भाषा में बात करें।
- जो लोग जान देने की बात करते हैं कभी उन्हें आजमां कर देख लेना सच्चे मन से एक दुआ भी नहीं दे पायेंगे।
- यदि हम मनुष्य जीवन पा कर भी इंसनियत का जीवन नहीं जी सकते तो इस जीवन की क्या अहमियत रह जायेंगी।
- आज के जमाने में कोई किसी का दर्द नहीं अपनाता बल्कि हवा का रूख देख कर लोग अपना रास्ता बदल लेते हैं।
- आप कितने भी पवित्र शब्द पढ़ लें या बोल लें, वो आपका क्या भला करेंगे जब तक आप उन्हें उपयोग में नहीं लाते।
- जो लोग जिंदगी के प्रति अपने नज़रिये को नहीं बदलते अपने स्वभाव को नहीं बदलते वो कभी खुश नहीं रह सकते।
- हम धन की कमी के बारे में तो हर समय चिंता करते हैं लेकिन अच्छे विचारों के अभाव के बारे में कभी नहीं सोचते।
- जीवन में बात हार जीत की हो या सफलता असफलता की। हर जगह फर्क सिर्फ एक हल्की सी रेखा का ही होता है।
- जिन बातों से हमारा कोई वास्ता नहीं होता उसके बारे में दूसरों से बहस करके हम खुद अपने लिये मुसीबत मोल ले लेते हैं।
- यदि अपने पारिवारिक जीवन को स्वर्ग बनाना है तो घर के सभी सदस्यों को प्रसन्न और आनंदमग्न हो कर जीना चाहिए।
- जिंदगी को रौशन करने के लिये एक दीया ही काफी होता है, जीवन को बेहतर बनाने के गुण दीये से सीखे जा सकते हैं।

- जिंदगी से आप जो भी बेहतर से बेहतर ले सकों ले लो क्योंकि जिंदगी जब लेना शुरू करती है तो सांसे भी नहीं छोड़ती।
- यदि हम बेहतर जिंदगी जीना चाहते हैं तो हमें कोई भी ऐसा काम नहीं करना चाहिए जिससे कोई भी व्यक्ति हमें बुरा–भला कहें।
- हर तरफ से बढ़ते मानसिक तनाव के इस माहौल में जहां हमें हंसी खुशी अपनाने की जरूरत है हम इससे उतना ही दूर होते जा रहे हैं।
- हमें सदा हर किसी की बात सुननी चाहिये क्योंकि कोई भी व्यक्ति सब कुछ नहीं जानता लेकिन हर व्यक्ति कुछ न कुछ जरूर जानता है।
- प्रत्येक मनुष्य में तीन चरित्र होते हैं पहला जो वो दिखाता है दूसरा जो उसके पास होता है तीसरा जो वो सोचता है कि उसके पास हैं।
- यह सच है कि जीवन में कुछ लोग मुश्किल के समय सहारा देते हैं परंतु हमें यह भी नहीं भूलना चाहिए कि बेसहारा भी अपने ही करते हैं।
- आजकल जिधर भी देखो दुनिया में मेले ही मेले नज़र आते हैं, लेकिन एक बात समझ नहीं आती कि फिर भी हर इंसान अकेला क्यू होता जा रहा है।
- सुखमय जीवन तभी जीआ जा सकता है जब हम बीते हुए कल और भविष्य की कल्पनाओं को भूलकर वर्तमान के एक–एक पल का आनंद लेना सीख पाऐं।
- बेहतर ढंग से जीवन जीने के लिये एक बार हंसी से दोस्ती कर लो कुछ दिनों में यह आपके दिल की गहराई मे उतर कर आपके स्वभाव का हिस्सा बन जायेंगी।

- सागर का पानी कहीं से भी चखों वो हमेशा खारा ही होता है। इससे कोई फर्क नहीं पड़ता कि वो सागर किस देश की सीमा से लगता है। इसी तरह आप जहाँ कहीं भी हो हंसी–खुशी से अपने जीवन को बेहतर बना सकते हैं।

❑❑❑

22
सर्वश्रेष्ठ जीवन कला

- महान विचारों से ही महान कार्य सम्पन्न होते हैं।
- बुद्धि से विचार कर किए गए कर्म ही सफल होते हैं।
- कुछ भी संभव करने की कला का नाम ही राजनीति है।
- सुंदर पोशाक की बजाए सुंदर आचरण ज्यादा कीमती माना जाता है।
- बिना सुखों के त्याग किये कोई भी सपना पूरा नहीं किया जा सकता।
- दूसरों से प्रेम करने से पहले जरूरी है कि हम खुद से प्यार करना सीखें।
- जो लोग प्रभु को सदा याद रखते हैं वो सुख और दुख दोनों में ही मस्त रहते हैं।
- जीवन को सुंदर और सुहावना बनाना केवल हमारी अपनी सोच पर निर्भर करता है।
- हम जैसे भी कर्म करते हैं बहुत जल्द उनका फल वैसा ही हमारे सामने आ जाता है।
- तंदुरूस्त और गुणकारी लोगों के साथ रहने से बूढ़े भी खुद को जवान महसूस करते हैं।
- इंसान उस समय तक जवान रहता है जब तक उसमें सुंदरता देखने की हिम्मत होती है।

- जो लोग छोटी–छोटी बातों में उलझे रहते हैं वो कभी किसी बड़े काम को नहीं कर पाते।
- निराशा के समान दूसरा पाप नहीं, आशा सर्वोत्कृष्ट प्रकाश है तो निराश घोर अंधकार है।
- अच्छे कर्मों की शुरूआत तभी हो सकती है, जब जिंदगी से गलत लोगों का साथ छूटता है।
- खुद को विचारवान बनाने की बजाए कर्म करने से विचारधारा खुद प्रवाहित होने लगती है।
- जो सन्तुलन की कला को पहचानता है वे हंसते–हंसते जीवन के संघर्षों से पार हो जाता है।
- हमारे बुरे काम को करते हुए कोई देखे या न देखे परंतु उसका नतीज़ा सदा ही बुरा होता है।
- अगर आप खुद को महान बनाना चाहते हो तो मौका पड़ने पर जरूरतमंदों की मदद जरूर करो।
- आज के समय में गुरूओं की जगह हर पुस्तक हमें अच्छे ढंग से जीवन जीने की सीख दे सकती हैं।
- जो कोई जानबूझ कर भी अपनी गलती कबूल नहीं करते उन्हें कई बार सारी उम्र पछताना पड़ता है।
- जिस किसी ने खुद को अपने वश में कर लिया है उसकी जीत को देवता भी हार में नहीं बदल सकते।
- जीवन एक कहानी की तरह है इसे अधिक लंबा बनाने की बजाए सुंदर बनाने की कोशिश करनी चाहिए।
- यदि आप हमेशा स्वस्थ रहना चाहते हो तो प्रसन्न रहना सीखों क्योंकि हंसी ही अच्छे स्वास्थ्य की जननी है।
- मुस्कराते हुए लोग हंसी की महक से अपनी चिंताऐं व दुख तो भूलते ही हैं, दूसरों को भी खुश रहना सिखा देते हैं।

- अपनी गलती कबूल कर लेने पर जहाँ हम एक और तनाव मुक्त हो जाते हैं वही दिल को खुशी और सुकून भी मिलता है।
- जब तक इंसान गरीब होता है उसे कोई नहीं पहचानता, जब वह अमीर हो जाता है तो वो किसी को नहीं पहचानता।
- जो कार्य हर हाल में करना ही है तो रोते हुए क्यों हंसते हुए करें। कार्य की गुणवत्ता भी उत्तम होगी एवं खुशी भी मिलेगी।
- आज इंसान के दुखी होने का सबसे प्रमुख कारण यह है कि वह जानता तो बहुत अधिक है पर समझता बहुत कम है।
- जो लोग अपनी गलतियों को स्वीकार नहीं करते वह कुछ भी नया सीखने और बेहतर बनने के रास्ते खुद बंद कर देते हैं।
- कष्ट और विपत्ति मनुष्य को शिक्षा देने वाले श्रेष्ठ गुण हैं। जो साहस के साथ उनका सामना करते हैं, वे ही विजयी होते हैं।
- कुछ लोग अपनी गलतियों से भी कुछ नहीं सीखते जबकि समझदार लोग दूसरों की गलतियों से ही बहुत कुछ सीख लेते हैं।
- जब काम को प्यार से करो तो वो काम नहीं रहता, शौक बन जाता है, जब शौंक को मेहनत से पाला जाये तो वो कला बन जाती है।
- स्वार्थी व्यक्ति अपने सुख के लिये हमेशा दूसरों की आँखों में धूल झोंकने का प्रयास करता रहता है, ऐसे लोगों से सदा बच कर रहना चाहिए।
- कोई व्यक्ति इस दुनियां में आपके लिये पैदा नहीं हुआ, अब यह आप के ऊपर निर्भर करता है कि आप कितने लोगों को अपना बना सकते हो।

- जब कोई व्यक्ति आपकी मुस्कराहट के पीछे छिपे हुए आपके दर्द को समझ सकें, जब कोई आपकी चुप्पी की जुबान के शब्दों को समझ लें और आपके गुस्से के पीछे के प्यार को जान ले वोहि आपका सच्चा हमदर्द हो सकता है।

❑❑❑

23
धीरज़ का फल

- धीरज़ का फल बहुत ही मीठा होता है।
- धैर्य ही हमें कामयाब और सफल बना सकता है।
- धीरज़ रखने से कई रिश्ते टूटने से बच सकते हैं।
- धैर्य कड़वा होता है लेकिन इसका फल मीठा होता है।
- कई बार उत्साह की कमी को धैर्य समझ लिया जाता है।
- धैर्य से कार्य करने वाले को बहुत कुछ हासिल हो जाता हैं।
- हर परिस्थिति में धैर्य रखने वाले निश्चित ही शिखर को छूते हैं।
- जिसके पास धैर्य नहीं उसे सबसे बड़ा निर्धन कहना ही उचित है।
- सभी चीजों के साथ धैर्यपूर्वक रहिए, पर सबसे पहले खुद के साथ।
- दुख आते हैं तो घबराइये नहीं धीरज़ रखिए, सुख भी जल्दी आयेंगे।
- जीवन में धीरज़ खोने को मतलब है कि आप जिंदगी की जंग हार रहे हैं।
- जो धीरज़ रखते हुए हर कार्य को करते हैं वो कभी नहीं निराश नहीं होते।

- जो व्यक्ति धैर्य का मालिक है वो बाकि सभी चीजों का भी मालिक होता है।
- सब्र का फल मीठा होता है परंतु बहुत अधिक सब्र करो तो फल सड़ जाता है।
- अपने प्रयोज़न में धैर्यपूर्वक दृढ़ विश्वास रखने वाले इतिहास का रूख बदल सकते हैं।
- जीवन में सब कुछ तुंरत नहीं मिलता, अच्छी चीजों को पाने के लिये धैर्य की जरूरत होती है।
- जीवन में खुशियाँ ही नहीं दुख भी आते हैं, धैर्य रखने से दुख आसानी से कट जाते हैं।
- अनुभव, ज्ञान और धीरज़ की क्षमता रखने वाले हर प्रकार का निर्णय अच्छे से ले सकते हैं।
- कदम कदम पर कठिनाइयों का सामना करने वाले अगर धैर्य रखते हैं तो वे इनसे पार भी पा लेते हैं।
- हमारा लक्ष्य जितना बड़ा होगा हमें उसके लिये धैर्यपूर्वक उतना ही अधिक श्रम और समय देना होगा।
- धैर्यवान इंसान आत्मविश्वास की नौका पर सवार होकर हर परेशानी को सफलतापूर्वक पार कर जाता है।
- रोजमर्रा की जिंदगी जीने के लिये सभी गुणों में धैर्य सबसे पहला गुण होना चाहिए क्योंकि यह सभी गुणों की जिम्मेदारी लेता है।
- जो लोग धैर्य नहीं रखते और ज्यादा की उम्मीद रखते हैं वे उतना भी नहीं पा सकते जिसके वे हकदार होते हैं।
- जब आपने कठोर मेहनत कर ली तो फिर परिणाम के लिए इंतजार करना पड़ता है और ऐसे में धीरज़ उससे भी जरूरी है।

- धैर्यवान व्यक्ति दुख को सुख में बदलना जानता है, परेशानी और कष्ट इन लोगों पर भी आते हैं परंतु यह विचलित नहीं होते।
- आज का युवा अपनी हर इच्छा एक क्षण में पूरी करना चाहता है जबकि हंसी–खुशी और सफलता पाने के लिये धीरज़ की आवश्कता होती है।
- बड़े–बड़े काम करने के लिये बड़ा–बूढ़ा होना जरूरी नहीं होता, आप युवावस्था में भी ऐसे कार्य कर सकते हैं जो दूसरों के लिये प्रेरणास्त्रोत बन जाते हैं।
- थोड़ा धीरज़ रखने से हंसी–खुशी, अच्छा स्वस्थ सब कुछ मिलता है परंतु धीरज़ रखने के लिये हमें सबसे पहले अपने अहंकार को त्यागने की जरूरत होती है।
- दुख–सुख हमारे कर्मों के ही फल होते हैं, यदि हमें बार–बार दुखों का सामना करना पड़ता है तो इसका सीधा सा अर्थ यही है कि हमने अच्छे कर्मों के बीज नहीं बोये।
- जब तक हम मुंह से कुछ बोलेगे ही नहीं सामने वाला हमारे मन की भावना को कैसे समझेगा लेकिन अपनी बात रखते समय हमें दूसरों के धीरज़ का भी ख्याल रखना चाहिए।
- जो चीज़ आपको मिलनी है जिस तरीके से मिलनी है उसके लिये जल्दबाजी मत करो, समय आने पर धैर्य रखने से वह चीज आप तक पहुंचने के लिये हालात खुद–ब–खुद आपके पक्ष में बना लेगी।
- यदि आपके पास योग्यता और धैर्यशीलता है तो सही समय आने पर आपको बहुत बड़ा ईनाम मिल सकता है। बराबरी वालों से आगे रहने की होड़ इंसान को अक्सर कमजोर बनाती है लिहाजा धीरज़ रखो।

❑❑❑

24
कायदे-कानून

- लगातार प्रयास करने से एक दिन सफलता ज़रूर मिलती है।
- जरूरत से अधिक लालसा ही हमें गलत राह पर ले जाती है।
- मानव जाति के लिये सभी गुरू, पीर, पैगंबरों के भाव एक समान होते हैं।
- जो बार–बार पीछे मुड़ कर नहीं देखते वह कुछ भी प्राप्त कर सकते हैं।
- विज्ञान से हमें गति मिलती है जबकि दिशा हमें धर्म ही दिखा सकता है।
- इंसान असल में उस दिन मरता है जिस दिन उसका जमीर मर जाता है।
- मेहनत, हिम्मत और लगन से हर कल्पना को साकार किया जा सकता है।
- कोई भी काम छोटा या बड़ा नहीं होता फर्क सिर्फ हमारी सोच में होता है।
- सफल व्यक्ति न तो कभी कोई बहाना बनाते हैं न ही उसे स्वीकार करते हैं।

- अच्छी किस्मत से पैसा मिल जाता है पर पैसे से अच्छी किस्मत नहीं मिलती।
- पराया धन हमें कभी सुख नहीं दे सकता इसलिये कभी भी दूसरे का हक न लें।
- बुरा समय कभी खत्म नहीं होता, लेकिन मजबूत इंसान अपने कर्म में लगे रहते हैं।
- जरूरत से अधिक किसी भी चीज़ की लालसा, लोभ, लगाव सदा परेशानी ही देता है।
- यदि प्रेरणा और प्रतिभा दोनों एक साथ मिल जायें तो कोई कार्य मुश्किल नहीं रहता।
- जो व्यक्ति अपनी गलतियों के अनुभव से लाभ नहीं उठाता वो कभी सफल नहीं हो सकता।
- जब इंसान हर जगह अपनी मर्जी करने लगता है तो वो अवश्य ही ईश्वर को बुरा लगता है।
- समुंद्र में एक बार डुबकी लगाने से यदि मोती ना मिले तो समुंद्र को मोती–विहीन न समझें।
- पेट की भूख तो खाना खाने से मिट जाती है लेकिन नीयत के भूखे का पेट कभी नहीं भरता।
- उस भगवान ने तो एक इंसान बनाया था लेकिन एक इंसान ने न जानें कितने भगवान बना दिये।
- जीवन में नियमों का बहुत महत्व है लेकिन जो नियमों को निभाता है वही महत्वपूर्ण बन पाता है।
- एक सच्चा दोस्त कभी आपके रास्ते में नहीं आता जब तक की आप गलत रास्ते पर ना जा रहे हों।
- नये जमाने के बच्चे तो बहुत जल्दी बड़े हो रहे हैं और फिर यह बड़ों–बड़ों का खेल बिगाड़ देते हैं।

- आज़कल के बच्चों की बेईमानी का एक ही कारण है कि मां–बाप हद से अधिक मेहरबान हो गये हैं।
- किसी भी व्यक्ति के सद्‌कर्म ऐसे अद्‌भुत हो सकते हैं जो उसे जाने के बाद भी जिंदा रख सकते हैं।
- साधू–संत हमारे लिये उतने ही उपयोगी हैं जितना की चौराहे पर खड़े इंसान के लिये मील का पत्थर।
- जो व्यक्ति सदैव खुद को सबसे अधिक समझदार समझता हो इसके मायने वो अभी कुछ भी नहीं जानता।
- जिस दिन कोई भी व्यक्ति खुद को जान लेता है उस दिन परमात्मा और उसके बीच की दूरी मिट जाती है।
- हमें दूसरों को उपदेश देना तो बहुत अच्छा लगता लेकिन उनकी बात सुनने में बड़ी कठिनाई महसूस होती हैं।
- जब आप डरते हैं, तो डर आपको और डराता है, लेकिन जब आप डर को डराते हैं, तब डर आपको अपनाता है।
- थोड़ी सी समझ रखने वाले भी एक रोगी, बुढ़े और मृतक व्यक्ति को देख कर दुनिया के हर भेद को जान लेते हैं।
- सारी उम्र मंदिर जाने से कुछ हासिल नहीं होता, यदि सच में प्रभु को पाना है तो अपने मन में भी एक मंदिर बनाना होगा।
- व्यापारी चाहे कुछ भी कहते रहें लेकिन ग्राहक को सदा यह याद रखना चाहिए कि इस दुनिया में कुछ भी मुफ्त नहीं मिलता।
- हम चाहें किसी तरह के कपड़े पहने लेकिन इस बात का सदा ध्यान रखें कि हमारे पहनावें से किसी के मन में बुरे विचार न आऐं।
- यदि हम ईमानदार होते हुए धार्मिक नहीं हैं तो कोई बात नहीं परंतु यदि धार्मिक होते हुए ईमानदारी नहीं दिखाते तो बहुत बुरी बात है।

- विचारों को सदैव शुद्ध रखना जरूरी है। इसी से हमारा जीवन बदल सकता है बशर्ते हम उस पर पूरी तौर से अमल करने के लिये तैयार हों।
- फूलों के प्राण उनकी टहनियों और पत्तियों में नहीं बल्कि उनकी जड़ों में होते हैं जो किसी को दिखाई नहीं देते, इसी तरह हमें अपने जीवन को ठीक से निभाने के लिये उसकी गहराईयों को समझने का प्रयास करना चाहिये।

❑❑❑

25

दृष्टिकोण

- सभी का भला सोचने वाले सदा ही सुख पाते हैं।
- कुछ भी बनने से पहले एक अच्छा इंसान बनने की कोशिश करो।
- नेक काम करने में जो मिठास है वह और किसी चीज़ में नहीं हैं।
- जीवन में बुराई आज़ भी उसी तरह जीवित है जिस तरह बरसों पहले थी।
- दिन में कोई भी ऐसा कर्म मत करो कि रात को हमारा ही मन हमें धिक्कारता रहें।
- नज़रिये को बदलने से नज़ारे बदल जाते हैं दिशा को बदलने से किनारे बदल जाते हैं।
- हम एक बार यदि अपनी दृष्टि को बदल ले तो हमारा सारा जीवन रोशन हो सकता है।
- जीवन में सुख, शांति और समृद्धि केवल और केवल अपने विचारों से पाई जा सकती है।
- प्रभु की इच्छा को मानते हुए हर किसी के साथ प्यार से रहना ही मानवता का धर्म कहलाता है।
- यदि हमें अच्छे कर्मों की बदौलत प्रभु ने इंसान बनाया है तो हमें सदा इंसानियत की राह पर ही चलना चाहिए।

- तन जो कुछ बुरा कर्म करता है उसे अपराध कहा जाता है लेकिन यदि मन कुछ बुरा करें तो वो पाप होता है।
- जो विद्वान और सरल स्वभाव का हो उससे सदा मेलजोल बनाऐ रखो, जो मूर्ख और दुष्ट हो उससे सदा बचना चाहिए।
- किसी को भी अपना हमसफ़र बनाने से पहले दस बार सोचो क्योंकि खुदा से बड़ा कोई हमसफ़र नहीं हो सकता।
- शादी के बाद लड़की यदि ससुराल में केवल फ़र्ज लेकर जायें तो उसे उस घर के सभी अधिकार खुद–ब–खुद मिल जाते हैं।
- अच्छे इंसान की पहचान उसके कर्मों से ही होती है वरना कुछ लोग इंसान होते हुए भी जानवरों जैसा व्यवहार करते रहते हैं।
- सच्चा मनुष्य वह नहीं होता जो मात्र अपने बारे में सोचे, सच्चा मनुष्य तो वह होता है जों दूसरों के भले की भी सोचता है।
- यदि हम खुद अपने स्वभाव को बदलने की कोशिश नहीं करते तो दूसरा कोई हमारी इस प्रवृत्ति को नहीं बदल सकता।
- आज हम खुद को हिंदू, मुसलमान, सिख या ईसाई कहलवाना तो पंसद करते हैं लेकिन एक अच्छा इंसान नहीं कहलवा सकते।
- हम यदि नेक इंसान नहीं बन सके तो फिर चाहे किसी भी धर्म से ताल्लुक रखते हो उससे हमारा कोई भला नहीं होने वाला।
- हमारे देश में समाजिक नारों से कई बार सरकारें बदल जाती हैं लेकिन आज तक कोई भी सरकार नारों के दम पर नहीं चल सकी।

- हमें सदा बीच का रास्ता ही अपनाना चाहिए क्योंकि बहुत अधिक कंजूसी और फिजूलखर्जी दोनों ही हमें नुकसान पहुंचा सकती हैं।
- हम लोग मंदिर, गुरूद्वारों में पूजा–पाठ का ढोग तो बहुत कर लेते हैं लेकिन हम अपने स्वार्थ के प्रति दृष्टिकोण को कभी नहीं बदलते।
- कुदरत का एक खास नियम यह भी है कि हम जो कुछ दूसरों के साथ करते हैं वो एक न एक दिन दौगुना हो कर हमारे पास लौट ही आता है।
- धर्म चाहे कोई भी अपनाओं लेकिन एक बात सदा याद रखना कि हर किसी का उद्देश्य एक ही है इंसान को सुख देना और सही दिशा दिखाना।
- हम चाहें कोई इमारत बनाना चाहें या अपने बच्चों को अच्छे संस्कार देने की बात करें उसके लिये जरूरी है कि नींव शुरू से ही बहुत मजबूत होनी चाहिए।
- जल्दबाज़ी में किया हुआ कोई भी काम कभी सफ़ल नहीं होता क्योंकि एक मशहूर कहावत है कि जल्दीबाजी का काम सिर्फ शैतान का होता है।
- जब तक किसी काम को सीखने के लिये हमारी मन से चाहत नहीं होती उस समय तक कोई भी हमें किसी दबाव या डर से वो काम नहीं सिखा सकता।
- यदि भगवान ने हर परिवार में एक बेटी और हर भाई को एक बहन दी होती तो शायद आज़ हर कोई दूसरों की मां–बहन की अच्छे से कद्र करना सीख गया होता।
- जब तक हमारे विचार किसी व्यक्ति से मेल खाते हैं उस समय तक वो हमें अपने भाई जैसे लगते हैं जब विचार मेल नहीं खाते तो वही भाई जैसे लोग दुश्मन दिखाई देने लगते हैं।

- हम सारा दिन यह तो ध्यान रखते हैं कि हमारे तन पर किसी किस्म का कोई दाग न लगे लेकिन अपने मन की शुद्धि जोकि सबसे अधिक जरूरी है उस ओर कभी ध्यान नहीं देते।
- सच्ची मित्रता उसी को कहते हैं कि जब हमारा दोस्त तरक्की करे तब हम गर्व से कहें कि वो मेरा दोस्त है और जब हमारा दोस्त मुश्किल में हो तो उस समय हम गर्व से कहें मैं उसका दोस्त हूँ।
- पाश्चात्य संस्कृति की ओर झुकाव के कारण आज़ के युवाओं का देर रात तक खाना–पीना और अन्य कई कार्य चलते रहते हैं नतीज़तन यह पीढ़ी स्वास्थ्य, समृद्धि एवं बुद्धि से दूर होते जा रहे हैं।

❑❑❑

26
अनमोल वचन

- जब तक इंसान भूखा है ज्ञान की भूख जाग ही नहीं सकती।
- अच्छा व्यक्ति बिछड़ने के बाद और भी अच्छा लगने लगता है।
- खुशी मनाने के लिये किसी न किसी साथी की जरूरत होती है।
- इंसान सब कुछ त्यागने के बाद भी प्रंशसा की उम्मीद करता है।
- आजकल परिवार को एकजुट रखने से बड़ा कोई काम नहीं है।
- नेक सोच वाले अपना जीवन तो संवारते ही हैं दूसरों को भी खुशियां देते रहते हैं।
- जय–जयकार उसी की होती है जो खुद को संकट में डालकर कार्य संपन्न करते हैं।
- अगर भगवान से कुछ मांगना ही है तो हल्का बोझ मत मांगों, बल्कि मजबूत कंधे मांगों।
- असफलता हमें यही सिखाती है कि हमने सफलता के लिये पूरे मन से प्रयास नहीं किया।
- आप क्रोध को प्रेम से, पाप को सदाचार से लोभ को दान से और झूठ को सत्य से जीत सकते हो।

- किस से गिला करें क्योंकि यहां सताने वाले भी अपने होते हैं और दफनाने वाले भी अपने ही होते हैं।
- कोई मनुष्य दूसरे मनुष्य को दास नहीं बना सकता, केवल धन का लालच ही मनुष्य को दास बनाता है।
- असफलता अपने आप में एक गहरा घाव है, हमारे मन का डर उसमें नमक छिड़कने का काम करता है।
- अच्छी से अच्छी दवा को भी यदि ठीक ढंग से इस्तेमाल न किया जायें तो वो बहुत नुकसान कर सकती हैं।
- पैसा सभी बुराईयों की जड़ है, अधिक पैसा आने से बाकी रोगों के साथ इंसान की नींद तक खत्म हो जाती है।
- मूर्ख कुछ भी करने से पहले और करने के बाद कुछ नहीं सोचता, ज्ञानी लोग कुछ भी करने से पहले सोचते हैं।
- यह सच है कि पानी में तैरने वाले ही डूबते हैं लेकिन किनारे पर खड़े रहने वाले कभी तैरना भी नहीं सीख पाते।
- पहले हर अच्छी बात का मज़ाक बनता है, फिर उसका विरोध होता है और फिर उसे हर कोई स्वीकार कर लेता है।
- जीवन में कभी–कभी तलवार उठाना भी जरूरी है क्योंकि उसके बिना न तो मनुष्य अपनी रक्षा कर सकता है और न निर्बल की।
- हमें कभी भी बेकार में वक्त नहीं काटना चाहिए क्योंकि जब वक्त हमें काटता है तो उस समय उससे बचना बहुत मुश्किल होता है।
- हमारी आँखें भी कितनी अजीब है जब यह खुलती हैं तो दुनिया उन्हें रूला देती है पर जब यह बंद होती हैं तो यह दुनिया को रूला देती हैं।
- किसी दूसरे को आंकने से पहले हमें अपनी काबलियत भी जांच लेनी चाहिये ताकि किसी के साथ अन्याय न हो या फिर हमें बाद में पछताना न पड़े।

- इस दुनियां में सुई बनकर रहें, कैंची बनकर नहीं क्योंकि सुई दो को एक कर देती हैं और कैंची एक को दो कर देती हैं। सबको जोड़ें, तोड़ें नहीं।
- एक बार एक अन्धें व्यक्ति ने किसी से पूछा कि क्या आँखें खो देने से भी कुछ बुरा हो सकता है। उस व्यक्ति ने कहा कि जो दूरदर्शिता नहीं रखते वो अंधे होने से भी बुरा है।
- आजकल के साधू–संतों की बातों का असर आम इंसान पर दिखाई नहीं देता क्योंकि इसका मुख्य कारण है कि साधू–संतों की कथनी और करनी में बहुत फर्क आ गया है।
- एक–एक मिनट करके हम कई बार कितना समय बर्बाद कर देते हैं। परंतु हमें सदा यह नहीं भूलना चाहिए कि एक–एक मिनट मिला कर ही घंटे, दिन, महीने और साल गुज़र जाते हैं।
- एक महान विद्वान ने कहा है कि जिस प्रकार बहती हुई नदी के पानी को एक बार छूने के बाद दोबारा नहीं छुआ जा सकता ठीक उसी तरह बीते हुए समय को वापिस नहीं लाया जा सकता।
- खोई हुई दौलत मेहनत से दोबारा हासिल की जा सकती है, खोया हुआ ज्ञान अध्ययन से पाया जा सकता है लेकिन एक बार बेकार किया हुआ समय हमेशा–हमेशा के लिये खो जाता है।
- अभ्यास और साधना से जीवन में हर प्रकार का सुधार और बदलाव संभव है। दुर्बल मनोबल वाला व्यक्ति भी नियमित अभ्यास के द्वारा अपने विचार और व्यवहार को पवित्र और सुंदर बना सकता है।
- हर नई सुबह हमारे लिये यह सदेंश लेकर आती है कि बीती हुई काली रात को भूल कर हिम्मत से नये दिन की शुरूआत करो, परंतु हम लोग बीती रात के अनुभवों को याद करके अपना वर्तमान और भविष्य दोनों खराब कर लेते हैं।

❑❑❑

27

सूझ-बूझ

- मां जब बहुत गुस्से में होती है तो वो रो देती हैं।
- हमारे हाथ की लकीरें हमारे दिमाग का आईना होती हैं।
- काम में ध्यान तभी लगता है जब उस काम का पूरा ज्ञान हो।
- जो सच्चा प्रेम करना जानते हैं उन्हें ही सच्चा प्रेम मिलता है।
- पैर में मोच और छोटी सोच हमें कभी भी आगे नहीं बढ़ने देती।
- प्रेरणा इंतजार करने से नहीं बल्कि मेहनत करके ढूंढने से मिलती हैं।
- अपने ज्ञान के ऊपर खुद ही गर्व करना सबसे बड़ी अज्ञानता होती है।
- समुंद्र शांत हो तो कोई साधारण व्यक्ति भी उस में जहाज चला सकता है।
- सच्चे प्रेम में कुछ पाने की भावना नहीं होती सिर्फ देने का ही भाव होता है।
- झिड़कियाँ और बदनामी वही लोग सह सकते हैं जो प्रंशसा के योग्य होते हैं।
- कर्ज लेकर झूठी शानोशौकत दिखाने का मतलब है तबाही के मार्ग पर चलना।

- परिस्थितियाँ तभी समस्या बनती हैं जब हमारा दिलों–दिमाग कमज़ोर होता है।
- जिसने आज हंसना और खुश रहना सीख लिया वो कल भी खुश रह पायेंगा।
- अक्सर लोग उसी समय हमारा साथ छोड़ जाते हैं जब उनकी जरूरत होती है।
- देने वाला सबसे महान है लेकिन देने के बाद जो जताता है वह सबसे तुच्छ है।
- 'नादान' को चाहे कितना भी उल्टा सीधा कर लो वो हमेशा नादान ही रहता है।
- जीवन में कोई मनुष्य दूसरों से इतना धोखा नहीं खाता जितना कि अपने आप से।
- सदा प्रसन्न रहने की आदत डालें क्योंकि हमारे लिये यह काम कोई दूसरा नहीं कर सकता।
- ईमानदारी एक बहुत मंहगा उपहार है इसकी उम्मीद घटिया लोगों से नहीं करनी चाहिए।
- जीवन में यदि सही समय पर फैंसले न लिये जाये तो उनका परिणाम अच्छा नहीं मिलता।
- सभी जानते हैं कि पाप बहुत बुरी चीज़ होती है लेकिन पापी को यह बहुत प्यारी लगती है।
- झूठ बोलने वाला और खुद को महान बताने वाला समय आने पर खुद ही बेनकाब हो जाते हैं।
- नदी किनारे बैठ कर पानी को पांव से छू कर गहराई का अंदाजा लगाने वाला हमेशा धोखे में रहता है।
- कुछ समय तक पहले दुनिया वाले गाय को भी मां समझते थे, आजकल की पीढ़ी मां को भी गाय समझने लगी है।
- हमें अपनी आखें और कान सदा खुले रखने चाहिए क्योंकि कोई नहीं जानता की हमें कब और कहाँ से प्रेरणा मिल जायें।

- समझदार आदमी से कोई भूल एक बार से अधिक नहीं होती जबकि बेवकूफ इंसान एक ही भूल बार–बार दोहराता है।
- दुनिया में इज्जत के साथ जीने का शर्तिया उपाय यह है कि हम जो कुछ बाहर से दिखते हैं वैसे ही वास्तव में भी बनें।
- हमें अपने सुंदर शरीर पर कभी घमंड नहीं करना चाहिए क्योंकि इसकी कीमत एक कटोरा राख से बढ़ कर कुछ नहीं होती।
- किसी भी मनचाही वस्तु को पाने के लिये लड़ना–झगड़ना ठीक नहीं, संतोष और धैर्य से सब कुछ अपने आप मिल जाता है।
- देश को प्यार करना है तो महबूबा की तरह प्यार करो क्योंकि महबूबा के प्यार में लोग जान देना और जान लेना भी जानते हैं।
- मेरे पास उन लोगों के लिये वक्त नहीं है जो मुझ से नफरत करते हैं क्योंकि मैं व्यस्त हूँ उन लोगों में जो मुझसे प्यार करते हैं।
- बच्चे शरारते भी करते हैं फिर भी उनके ऊपर भगवान का नूर बरसता है क्योंकि वो केवल शरारतें तो करते हैं पर साजिशें नहीं।
- अच्छे वक्त से ज्यादा अच्छे रिश्ते अजीज रखिये क्योंकि अच्छा इंसान अच्छा वक्त ला सकता है पर अच्छा वक्त अच्छे इंसान नहीं ला सकता।
- जिस प्रकार जल की बातें करने से प्यास नहीं बुझती ठीक उसी प्रकार कल्याणकारी बातों को अपनाऐं बिना कोई लाभ नहीं मिलता।
- जिस प्रकार छोटी सी चिंगारी ज्वाला बन जाती है ठीक उसी तरह थोड़ी सी हिम्मत और ईमानदारी से दुनिया को स्वर्ग में तबदील किया जा सकता है।

- मन और चिंतन के प्रदूषण से खतरनाक और कोई प्रदूषण नहीं होता। यहाँ तक की पर्यावरण के प्रदूषण भी ज्यादा खतरनाक विचारों का प्रदूषण होता है।
- जब जिंदगी हंसाए तब समझना चाहिए की अच्छे कर्मों का फल मिल रहा है और जब जिंदगी रूलाने लगे तब समझ लेना चाहिए कि अच्छे कर्म करने का समय आ गया है।
- जिस किसी के दिमाग पर सफलता का नशा चढ़ जाये तो उसका दिमाग सातवें आसमान पर चढ़ जाता है। फिर ऐसा व्यक्ति जब सातवें आसमान से गिरता है तो वो कहीं का नहीं रहता।

❑❑❑

28
मधुर वाणी

- हमारी वाणी ही दोस्त या दुश्मन बनाती है।
- शांति का महत्वपूर्ण उपाय है वाणी पर संयम।
- जब मन प्रसन्न हो तो हर चीज अच्छी लगती है।
- दुखी इंसान को हमदर्दी के आंसू भी कम प्यारे नहीं होते।
- मधुर वाणी से हर बिगड़े हुए काम बन जाने की संभावना रहती है।
- मीठी वाणी से आप अपने दुश्मन को भी अपना मित्र बना सकते हैं।
- हंसमुख व्यक्ति वह फुहार है जिसके छींटे सबके मन को ठंडा करते हैं।
- जो मधुर और नपा–तुला बोलते हैं उनके बोल दुनिया हमेशा याद रखती है।
- मधुर वचन, शुभ कल्पनाएं और संतुष्टि इंसान के व्यक्तित्व को निखारती है।
- अपने मन की बात को यदि प्यार से रखा जायें तो अक्सर बात बन जाती है।
- जो कोई अपने मन की भड़ास पर विजय पा लेता है वही महावीर कहलाता है।

- छोटी–छोटी बातें भी हमारे जीवन को बेहतर बनाने में अहम भूमिका निभाती हैं।
- जो आपके साथ दिल से बात करता हो उनको कभी दिमाग से जवाब मत देना।
- कभी भी किसी बात की पुष्टि किये बिना उसे बढ़ा–चढ़ा कर नहीं बोलना चाहिए।
- हमेशा कम बोलो, लेकिन काम का बोलो, बेशक थोड़ा पढ़ो मगर चिंतन ज्यादा करो।
- मधुर वाणी से ऐसे–ऐसे काम किये जा सकते हैं जो देवी देवता भी नहीं कर सकते।
- प्यार की भाषा उस चाबी की तरह है जिससे हर ताला, हर दरवाज़ा खुल सकता है।
- हर बात पर तर्क नहीं करना चाहिए क्योंकि हर तर्क एक नये विवाद को जन्म देता है।
- प्रेम से बोला गया एक शब्द भी अनेक दुखी आत्माओं को शान्ति प्रदान कर सकता है।
- यदि हमारी बोली और भाषा सुधर जायें तो बहुत हद तक हमारा जीवन सुधर सकता है।
- जो कोई हर किसी को खुश रखना चाहता है वो किसी एक को भी खुश नहीं कर पाता।
- नम्रता और मीठे वचन ही मनुष्य के आभूषण होते हैं। शेष सब नाममात्र के भूषण होते हैं।
- जो इंसान प्रभु–परमेश्वर से प्यार करना सीख जाता है वो हर इंसान को प्यार करने लगता है।
- प्रेम की धारा आसमान से भी ऊंची पताल से भी गहरी और अमृत से भी अधिक मीठी होती है।
- एक सच्चे प्रेमी का प्यार सिर्फ अपने परिवार तक सीमित न रह कर बल्कि सभी के लिये होता है।

- थोड़ा सोच कर और प्यार से बातचीत करने से बहुत सारी समस्याऐं खुद–ब–खुद हल हो जाती हैं।
- हर इंसान को सदा इस तरह की वाणी बोलनी चाहिए कि वो देश–विदेश में सिर उठा कर घुम सकें।
- हम अपने हर सुख का श्रेय तो खुद लेना चाहते हैं और दुख आते ही दोष दूसरों पर मढ़ने लगते हैं।
- जीवन में खुश रहने के लिये हमें दूसरों के मूड़, स्वभाव और परिस्थितियों से ऊपर उठ कर सोचना होगा।
- जैसे हम अपने शरीर का ध्यान रखते हैं खुशहाली पाने के लिये हमें वैसे ही अपने मन का ध्यान रखना होगा।
- कुछ भी बोलने से पहले हमें एक बार यह जरूर सोचना चाहिए कि हमारी बात किसी को बुरी तो नहीं लगेंगी।
- बड़ी–बड़ी बातें करने से तो अच्छा है कि कुछ ऐसी मधुर बातें की जायें जिससे सामने वाले को शांति मिल सके।
- धन तो वापिस किया जा सकता है, परंतु सहानुभूति के शब्द वे ऋण हैं जिसे चुकाना मनुष्य की शक्ति के बाहर है।
- कड़वे वचन और अशुभ कल्पानाएं छोड़कर हमेशा खुश रह कर काम करने की आदत डालना जीवन में खुशियां लाता है।
- हमें सदा हर किसी से मीठे बोल बोलने चाहिए क्योंकि यह दिल के समुद्र के वो मोती हैं जिनसे हमारी पहचान होती है।
- बोलने के कई तरीके होते हैं जैसे अच्छी तरह से बोलना, आसानी से बोलना, ठीक तरीके और सही समय पर बोलना।
- मधुर वाणी एक और जहाँ दो दिलों को जोड़ने की ताकत रखती है वहीं हमारी थोड़ी सी कड़वी वाणी दो दिलों में दीवार खड़ी कर देती हैं।

- मुस्कान की कोई कीमत न होते हुए भी यह बेशकीमती होती है क्योंकि यह पाने वाले को तो खुशहाल करती ही है और देने वाले को संतुष्ट कर देती है।

❑❑❑

29
जीवन की रीत

- परिवार सिर्फ और सिर्फ प्यार से बनता है।
- आदत को अगर रोका न जाये तो शीघ्र ही वे लत बन जाती हैं।
- हमारा जीवन जीने के लिये है मुक्ति की बातें करने के लिये नहीं।
- परिवार सिर्फ महत्वपूर्ण ही नहीं होता बल्कि यह सब कुछ होता है।
- संसार में बहुत कम लोग अपनी उम्र के हिसाब से व्यवहार करते हैं।
- जिस परिवार में एकता होती है वह हर तरह से समृद्ध हो जाता है।
- हर किसी के लिये अपना परिवार ही संसार में सबसे महत्वपूर्ण होता है।
- जीवन का महत्व तभी है जब वह किसी महान ध्येय के लिए समप्रित हो।
- परिवार की जरूरतें इंसान का थकने नहीं देती और नेक बच्चे बूढ़ा नहीं होने देते।
- हम अपने बच्चों में जिस प्रकार की आदतें डालेंगे वह उन्हीं आदतों को अपनाएँगे।

- एक सेना की तरह ही एक परिवार की शक्ति एक दूसरे के प्रति निष्ठा में होती है।
- कमज़ोर और बूढ़ी विचारधारा के कारण इंसान समय से पहले ही बूढ़ा हो जाता है।
- जरूरत से अधिक चिंताएँ, फिक्र और परेशानियाँ आदमी को बेवक्त बूढा कर देती हैं।
- जीवन में उन्नति केवल वही कर सकता है जो स्वयं खुद को उपदेश देना जानता है।
- समाज का भला करने से पहले इंसान को अपने भले–बुरे के बारे में सोच लेना चाहिये।
- बोलना तो सब जानते हैं मगर कब और क्या बोलना है यह बहुत कम लोग ही जानते हैं।
- हंसी–खुशी एक ऐसी दवा है जो हर बीमारी को जड़ से उखाड़ फेकनें की क्षमता रखती है।
- छोटी–छोटी बातों को महत्व देने की बजाए बड़ी बातों को महत्व दो तो आपका व्यक्तित्व निखरेगा।
- हर दिन पांच मिनट खुश रहने से हमें किसी प्रकार के योग या आसान करने की जरूरत नहीं पड़ती।
- धन का उपयोग बहुत संभल कर करना चाहिए वरना अपने ही बच्चों को काबू में रखना मुश्किल हो जायेगा।
- लोग कहते हैं कि समय हालात को बदल देता है लेकिन सच तो यह है कि हालात हमें खुद बदलने पड़ते हैं।
- कड़ुवा बोल कर, आलोचना करके, किसी का मन दुखा कर आप कभी किसी के दिल में जगह नहीं बना सकते।
- जिस प्रकार गम की बात करने से गम बढ़ता है ठीक उसी तरह खुशियाँ बांटने से बदले में सुख और खुशियाँ ही मिलती हैं।

- आज की चकाचौंध भरी दुनिया में अमीर बनने के लिये शार्टकट रास्ते युवाओं को गलत राह की ओर धकेल रहे हैं।
- मन में सदा सुखद, आशावादी विचार रखने के साथ जो लोग विनम्र रहते हैं और मधुर बोलते हैं वो सदैव प्रसन्न रहते हैं।
- जीना सरल है, प्यार करना सरल है, हारना और जीतना भी सरल है तो कठिन क्या है? सरल होना ही सबसे कठिन है।
- जिंदगी के हर पल को हंसते और मुस्कराते हुए जीना चाहिये क्योंकि जीवन के पल बहुत कीमती और बहुत थोड़े होते हैं।
- सबसे बड़ी बात तो यह है कि हम में से कोई भी यह नहीं जानता कि हमारे पास जीने के लिये बाकी कितने पल बचे हैं।
- गति और प्रगति में गफ़लत न करें। बच्चों का आगे–पीछे हिलने वाला घोड़ा गति तो करता है लेकिन प्रगति नहीं करता।
- कोई भी झगड़ा तभी शुरू होता है जब हम अपनी चीज़ को अपना मानते ही हैं दूसरों की चीज़ पर भी अपना हक ज़माने लगते हैं।
- झूठ बोलना बच्चों के लिये पाप, प्रेमियों के लिये कला, कुंवारों के लिये अनिवार्य और शादीशुदा लोगों के लिये शांति से जीने का रास्ता।
- चापलूसी का ज़हरीला प्याला आपको तब तक नुकसान नहीं पहुंचा सकता जब तक कि आपके कान उसे अमृत समझ कर पी न जायें।
- जब भी मौका मिले दिल खोल कर हंसने का प्रयास किया करो क्योंकि हंसना एक व्यायाम होने के साथ तनाव मुक्ति का बढ़िया साधन भी है।

- लोग यह बात भूल जाते हैं कि आपने कोई काम कितनी तेजी से किया है, लेकिन वह हमेशा यह बात याद रखते हैं कि आपने उसे कितनी अच्छी तरह से किया है।
- जिंदगी में तो कई बार यह भी मालूम नहीं पड़ता कि आने वाला दिन हमारा किस तरह से इम्तिहान लेगा। हर परीक्षा किसी को खिलाड़ी और किसी को अनाड़ी बना देती हैं।

❑❑❑

30
जीने की राह

- सफर हमेशा मुश्किल होता है लेकिन चलते रहना ही जिंदगी है।
- बुरी आदतें यदि खत्म भी हो जाये तो भी अपने निशान छोड़ जाती हैं।
- मेहमान को खिलाने वाला उदार और भूखे को खिलाने वाला ही दानी है।
- जो दूसरे के दर्द को महसूस कर सकता है वो नाइंसाफी नहीं कर सकता।
- अच्छे और सच्चे रास्ते पर चलते ही कुदरत भी हमारा साथ देने लगती हैं।
- गुणदान और शक्तियों का दान करते जाओ तो एक दिन महादानी बन जाओगे।
- महाभारत से हमें यह सीख लेनी चाहिए कि यह अच्छे लोगों के बुरे कर्मों की कहानी है।
- बुद्धिमान वक्ता वह होता है जो अपनी बात भी मनवा लें और सामने वाले को पता भी न चलें।
- यह सच है कि समय बहुत तेजी से उड़ता है लेकिन यह भी सच है कि आप इसके पायलट हैं।

- जिंदगी जीने का असली मज़ा तभी आता है जब हमारी जुबान थोड़ी नरम और आखों में शर्म हो।
- जिंदगी उन्हीं को ईनाम देती है, जो स्वयं पर यकीन रखते हुए अपने कार्य पूरी लगन से करते हैं।
- गलतियाँ हमारे जीवन का हिस्सा है पर इन्हें स्वीकार करने का साहस बहुत कम लोगों में होता है।
- दूसरों पर छीटाकसी करने से आप दूसरों को अपने खिलाफ एक होने का मौका दे देते हैं इससे बचें।
- दूसरों के दोष गिनाने से यदि आप अपना गुणगान करना चाहते हैं तो यही आपका सबसे बड़ा दोष है।
- हमारे जीवन में दुख बढ़ने का मुख्य कारण यही है कि हम लोग अच्छे संस्कारों से दूर होते जा रहे हैं।
- खुद खाने से पहले किसी भूखे को भोजन खिलाओगे तो इससे बड़ी मानवता और कुछ नहीं हो सकती।
- इंसान चाहता है कि खुशी आए और वो मुस्कराए जबकि खुशी कहती है कि तुम मुस्कराओं तो मैं आऊँ।
- हम सभी पूजा करते हैं और फिर खुद को महान बताते हैं परंतु जरूरतमंद की मदद करना सबसे बड़ी पूजा है।
- रोजी–रोटी कमाने के लिये परदेस जाना कोई बुरी बात नहीं होती लेकिन मन से कभी भी परेदसी नहीं होना चाहिए।
- परिवार के सभी सदस्यों की भावनाओं की कद्र करनी चाहिए क्योंकि हमारे जीवन के सारे सुख परिवार से ही जुड़े होते हैं।
- सकारात्मक सोच को बनाने के लिये जरूरी है कि हम सदा ऐसे लोगों की संगत करे जिनकी सोच सकारात्मक हो।
- एक कल जा चुका है, एक कल अभी आया नहीं, हमारे पास तो सिर्फ आज़ ही है तो जो कुछ करना उसकी शुरूआत करो।

- मेरी औकात से बढ़कर मुझे कुछ ना देना मेरे मालिक क्योंकि जरूरत से ज्यादा रोशनी भी इंसान को अंधा बना देती है।
- महाभारत के बारे में अक्सर कहा जाता है कि जो कुछ इसमें है वो और कहीं नहीं, जो कुछ इस में नहीं है वो और कहीं नहीं है।
- किसी को समझाने के लिए कड़ी दृष्टि का प्रयोग करना तो ठीक है परन्तु किसी पर हाथ उठाना आपकी अपनी कमजोरी दर्शाता है।
- जीवन मिलना भाग्य की बात है, मृत्यु होना समय की बात है पर मृत्यु के बाद भी लोगों के दिलों में जीवित रहना आपके कर्मों की बात है।
- विद्या, ज्ञान दुनियां के सबसे उत्तम पद्धार्थों में से एक है। इनकी खासयित यह है कि इन को बांटने से यह कम नहीं होती बल्कि बढ़ती ही है।
- लोग आपकी प्रशंसा करते हैं या निन्दा इसकी चिंता छोड़ो। सिर्फ एक बात सोचो कि ईमानदारी से आपने जिम्मेदारियाँ पूरी की हैं या नहीं।
- हर कलाकार अपनी कला को अपना नाम देता है लेकिन मां जैसा कोई कलाकार इस संसार में नहीं है जो स्वयं बच्चे को जन्म देकर नाम उसके पिता का देती हैं।
- दुनियां को संभालने की कोशिश में लोग प्रायः अपनों को संभालने में विफल हो जाते हैं। याद रखिये महाभारत दूसरों के कारण नहीं, अपनों के कारण ही हुआ था।
- जिस तरह एक बार वृक्ष से फल टूट कर जमीन पर गिर जाये तो वो फिर दोबारा नहीं लग सकता ठीक उसी प्रकार यदि एक बार समय हाथ से निकल जाये तो फिर हाथ नहीं आता।

- आप कितने भी परेशान क्यूं न हो परंतु किसी को परेशान देख कर यदि आप उससे इतना कह देते हैं कि चिंता की कोई बात नहीं, मैं हूँ ना तो यह तीन शब्द सामने वाले के जीवन में ऊर्जा भर सकते हैं।

❑❑❑

31
प्यार के दो चार दिन

- अच्छे और करीबी दोस्त भाग्यशाली लोगों को ही मिलते हैं।
- दूसरों का साथ हो तो जिंदगी आसानी से कट जाती है।
- अच्छा खानदान वही होता है जिसमें सिर्फ प्यार ही प्यार हो।
- लस्सी और लड़ाई को जितना बढ़ाते जाओ बढ़ती ही जाती है।
- कोई भी उस व्यक्ति से प्रेम नहीं कर सकता जिससे वो डरता हो।
- अच्छे लोगों का साथ हो तो जिंदगी जीना बहुत आसान हो जाता है।
- हंसमुख व्यक्ति अपनी खुशियों भरी फुहार से सबके मन को ठंडा करते हैं।
- जो कुछ प्रभु ने दिया है उसका सुख भोगो इससे कष्ट कम होंगे और खुशिया बढ़ेगी।
- उस चीज़ को हमेशा बांटते रहना चाहिए जिसे हम सबसे अधिक वापिस पाना चाहते हैं।
- सगठन में स्नेहशील व सहयोगी होकर चलने से साधारण इंसान भी मूल्यवान बन जाता है।

- छोटी सी चुभने वाली बात आपको जीवन भर के लिए अपने करीबी से अलग कर सकती है।
- दिखावे के तौर पर भगवान की पूजा करने से बेहतर है कि किसी जरूरतमंद की सेवा करो।
- मन में जो कुछ हो उसे साफ़–साफ़ कह देना चाहिए क्योंकि फ़ैसला, फ़ासले से बेहतर होता है।
- सुख का सामान इकट्ठा करने की बजाए दूसरे के दुखों में मदद करो तो सबसे बड़ा सुख मिलेगा।
- सुंदर और मीठी वाणी से दुश्मन भी मित्र बन जाते हैं तथा कड़वी वाणी से मित्र भी शत्रु हो जाते हैं।
- दोस्ती कभी खास लोगों से नहीं होती, जिनसे दोस्ती होती है वही लोग हमारे लिये खास हो जाते हैं।
- यह सच है कि करीबी रिश्ते खून से ही जुड़े होते हैं लेकिन परिवार तो प्रेम से ही जुड़ा रह सकता है।
- विश्वास और प्रेम में एक ही समानता है दोनों में से कोई भी जोर–जबरदस्ती से पैदा नहीं किया जा सकता।
- खुशी मिलने पर खुशी तो सभी को होती है लेकिन खुशी जाहिर करने का सब का अपना–अपना तरीका होता है।
- पैसा तो जैसे–तैसे करके हर कोई कमां लेता है परंतु असल खुशनसीब तो वो जिसने दूसरों के दिलों को जीतना सीख लिया है।
- कोई भी प्राणी इस जगत में अकेला कुछ नहीं कर सकता, इसलिये सदा एक दूसरे का सहयोग करते रहना चाहिये।
- जिस व्यक्ति को अपने आप पर भरोसा नहीं होता, वह दूसरों का भी भरोसा नहीं करता, इसीलिए उसका कोई मित्र नहीं होता।
- भलाई के कार्य रूपी तालाब में यदि एक बूंद भी अहंकार का ज़हर घुल जाए तो सारा तालाब बुराई में तब्दील हो जाता है।

- कोई–कोई दोस्त आपको सारी उम्र केवल इसलिये अच्छा लगता है क्योंकि वो आपको पहली नजर में अच्छा लगा था।
- आप अपने दोस्त के घर खुशी के मौके पर जायें या न जायें लेकिन उसकी परेशानी के समय तुंरत आपको वहाँ जाना चाहिये।
- दूसरों को काबू करने वाला ताकतवर हो सकता है, मगर खुद पर काबू रखने वाला उससे कहीं अधिक ताकतवर होता है।
- मिलजुल कर काम करने का सबसे बड़ा फायदा यह होता है कि बहुत सारे दूसरे लोग भी आपके पक्ष में काम करने लगते हैं।
- सप्ताह में सात वार होते हैं आठवां वार है परिवार, हम यदि आठवें वार को ठीक से रखना सीख ले तो सातों वार भी सुखद रहेंगे।
- आप जितनी अधिक दूसरों की भलाई करते हैं उतनी ही स्वयं आपकी अपनी भलाई हो जाती है। इसलिये सदा भलाई करते रहना चाहिए।
- रूप्या–पैसा इक्ट्ठा करने की कामना के चलते हमारे करीबी लोगों से मतभेद बढ़ते जा रहे हैं, लिहाजा जो हमारे अपने हैं हम उनसे भी दूर होते जा रहे हैं।
- आज भी यदि हम लोग हिंदू, मुसलमान, सिख या अन्य किसी धर्म को अपनाने की बजाए मानवता के धर्म को अपनाऐं तो हमारा समाज़ कही अधिक खुशहाल हो सकता है।
- जिदंगी में दो चीज़े बस टूटने के लिए ही होती है एक सांस और दूसरा साथ। सांस टूटने से तो इंसान एक ही बार मरता है लेकिन साथ टूटने से इंसान हर पल मरता है।
- जिन लोगों के पास प्यारे–प्यारे और अच्छे साथी होते हैं उनके जीवन में न तो किसी प्रकार का तनाव और न ही

कोई चिंता आती है बल्कि उनकी जिंदगी बहुत आसानी से कट जाती है।

- हमारी जिंदगी सारी उम्र जद्दोजहद करके सिर्फ पैसा कमाने के लिये के लिये नहीं बनी बल्कि छोटी–छोटी बातों को अनदेखा करके जीवन को आसान और खुशहाल बनाने का प्रयास करना चाहिए।

❑❑❑

32
रिश्तों की डोर

- उम्र चाहे कुछ भी हो मेल–मिलाप से रिश्ते अच्छे बनें रहते हैं।
- घर हमेशा इस तरह का होना चाहिये जिसमें रहने का मन करे।
- रिश्ते निभाने के लिये मकान और दुकान की जरूरत नहीं होती।
- समय आता है चला जाता है लेकिन सच्चे रिश्ते सदा कायम रहते हैं।
- किसी को सच्चा प्यार केवल उसके गुणों के कारण ही मिल सकता है।
- अपने प्यारे के मिलने के बाद प्रार्थना नहीं शुक्रिया अदा किया जाता है।
- अच्छे और सच्चे दोस्त कितनी भी बार रूठ जाये उन्हें मना लेना चाहिये।
- जिस घर से मेहमान दुखी हो कर जाये वो घर बहुत जल्द उजड़ जाता है।
- रिश्तों को यदि पूरा समय दिया जायें तो रिश्ते बहुत ही खूबसूरत बन जाते हैं।
- अच्छे रिश्ते किस्मत वालों को मिलते हैं उन्हें सदा खुबसूरती से निभाना सीखो।

- रिश्तों को यदि ठीक से न संभाला जायें तो दूरिया और अधिक दूर हो जाती हैं।
- रिश्तों को मजबूत रखने के लिये उन्हें लगातार पौधों की तरह प्यार से सींचते रहना चाहिए।
- यदि हम चाहते हैं कि हमारे रिश्ते सदा कायम रहें तो हमें उन्हें बहुत संभाल कर रखना होगा।
- किसी भी रिश्ते को बिगड़ना बहुत आसान है लेकिन उसे बनाऐं रखना बहुत मुश्किल काम होता है।
- आपसी रिश्तों में मजबूती कायम रखने के लिये दूसरों की भावनाओं का सदा सम्मान करना चाहिए।
- अच्छे दिल से हम अच्छे संबंध बना सकते हैं परंतु अच्छे स्वभाव से हम उन्हें आजीवन निभा सकते हैं।
- रिश्तों की दुनिया भी अजीब है इसमें अक्सर ऐसा होता है कि दिल से इन्हें निभाने वाला ही रोता है।
- रिश्ते आजकल रोटी की तरह हो गये हैं जरा सी आंच तेज क्या हुई जल–भुन कर खाक हो जाते हैं।
- अपनों से उतना ही रूठना चाहिए जिससे की हमारी बात और सामने वाले की इज्जत बरकरार रह सकें।
- यदि अमीर लोग अपने बच्चों को संभाल कर रखे तो कई बड़े घरों की हवेलियां उजड़ने से बच सकती हैं।
- दुनिया का चाहे सबसे अमीर आदमी हो या सबसे गरीब इंसान, रिश्ते तो सभी के पास एक जैसे ही होते हैं।
- रिश्ते केवल इस आधार पर निभाये जा सकते हैं कि हम इसमें डालते क्या हैं और इसमें से निकालते क्या है।
- जब भी कोई नया रिश्ता बनाओं तो कभी भी जरूरत से अधिक अपेक्षा मत करो क्योंकि इसी से हर झगड़े की शुरूआत होती है।
- दोस्त यार या अन्य कोई सदस्य हमें दुख नहीं देता बल्कि उनके प्रति हमारे अधिकार की भावना हमें दुखी करती है।

- रिश्ता चाहे कोई भी हो उसकी नींव विश्वास पर टिकी होती है, झगड़ा चाहे कैसा भी हो उसकी जड़ स्वार्थ ही होता है।
- प्रेम सिर्फ प्रेम से पैदा होता है, इसलिए किसी के प्रति भी ईर्ष्या या द्वेष की भावना न रख कर प्रेम से रिश्ता रखना चाहिए।
- जो व्यक्ति अधिकतर लोगों से मेलजोल रखता है वो बहुत कम बीमार होते हैं, यदि बीमार हो भी जाये तो जल्द ठीक हो जाते हैं।
- हमारे सामने तो हमारा भला सोचने वाले सैंकड़ों मिल जाते हैं लेकिन सच्चा दोस्त तो वही होता है जो हमारे पीछे भी हमारे भले की बात करे।
- उस नज़र की तरफ मत देखो, जो आपको देखने से इंकार करती हो, दुनियां की भीड़ में उस नज़र को देखिये जो सिर्फ आपका इंतजार करती हो।
- दुनियां में खुशनसीब इंसान वो नहीं जो रिश्तों को अपनी शर्तों पर चलाना चाहे, बल्कि सबसे खुशनसीब वो होता है जो रिश्तों को निभाने के लिये अपनी शर्तें बदल लेता है।
- हमारे जीवन में समय कभी भी एक जैसा नहीं रहता। हमें कभी सुख, कभी दुख का सामना करना पड़ता है परंतु हम चाहे तो रिश्तों को सदैव मधुर बना कर रख सकते हैं।
- जिस प्रकार किसी आईने पर धूल जमीं हो तो हमें उस में से कुछ दिखाई नहीं देता ठीक उसी तरह जब हमारा मन मैला होता है उस समय हमें सारी दुनियां मैली दिखाई देने लगती है।
- अक्सर हम खुशियां ढूंढने के लिए इधर–उधर भटकते रहते हैं, जबकि खुशियों के झरने तो हमारे अंदर ही हैं। एक बार इन्हें अपने प्रियजनों के साथ बांट कर देखो कितनी शांति और सुकून मिलता है।

❑❑❑

33
तालमेल

- बुद्धिमान लोग कष्ट के समय भी हालात से तालमेल बनाएँ रखते हैं।
- पुराने लोगों से भी सदा तालमेल बनाएँ रखना सदा मददगार होता है।
- एक दूसरे की मदद के बिना हम चाह कर भी इस दुनिया में नहीं जी सकते।
- दूसरों की कमियाँ निकालने से पहले अपनी कमियों को स्वीकार करना सीखो।
- प्यार के दो शब्द और मधुर व्यवहार सही मायनों में इबादत का ही दूसरा नाम है।
- कर्ज़ लेकर शानोशौकत दिखाने से अच्छा है कि सूखी रोटी खाकर गुज़ारा कर लो।
- जब जोश और होश में तालमेल न बन पाये तो फिर बाद में बहुत अफसोस होता है।
- हमें यह बात अच्छे से समझ लेनी चाहिए कि हर दिन हमारे जीवन का सर्वोत्तम दिन है।
- आपसी तालमेल से काम करने से रिश्तों में मधुरता आती है वही नज़दीकिया भी बढ़ती हैं।
- हमें अपनी हर जिम्मेदारी को अच्छे से निभाने के लिये सदा तालमेल बनाऐ रखना चाहिए।

- दया और विनम्रता बराबर वालों के साथ नहीं बल्कि हर छोटे और बड़े के साथ निभाई जानी चाहिए।
- जब युवाओं का जोश और बुजुर्गों का होश मिल जाये तो हर परेशानी को सुख में बदला जा सकता है।
- जिंदगी में कुछ पाना है तो कुछ छोड़ना भी पड़ेगा यदि बहुत कुछ पाना है तो बहुत कुछ त्यागना भी पड़ेगा।
- अपनों को हमेशा अपना होने का एहसास दिलाओं वरना वक्त आपके अपनों को आपके बिना जीना सिखा देगा।
- हम थोड़ा झुक जाते हैं और सभी परिस्थितियों में तालमेल बिठा लेते हैं तो जिंदगी बहुत ही आसान हो जाती है।
- दिमाग पर जोर डाल कर गिनते हो गलतियाँ हमारी, कभी दिल पर भी हाथ रख के पूछो की कसूर किस का था।
- यदि आपके चेहरे पर मुस्कान है तो दुनिया आपके साथ है वरना आंसुओं को तो आँखों में भी जगह नहीं मिलती।
- अपने दिल की आवाज़ जरूर सुननी चाहिए, इससे आपसी तालमेल बना रहता है और आदमी अपने करीब रहता है।
- अपने जख्मों को खुद में छिपा कर रखिये, क्योंकि आजकल लोग अक्सर अपने हाथ में नमक ले कर चला करते हैं।
- दुनियां में खुश रहने का एक मात्र तरीका यही है कि अपने मन और जरूरतों के बीच अच्छे से तालमेल रखा जायें।
- केवल एक अच्छा पति या पत्नी बनना प्र्याप्त नहीं होता, हर रिश्ते के बीच संतुलन ही एक सुखी परिवार का आधार होता है।
- इस संसार में हर आदमी दुखी है वो बात अलग है कि कोई तन से दुखी है कोई मन से और कोई धन से दुखी है।

- शिखर की ऊंचाईयों को छूने के लिये दूसरों का सहयोग जरूरी है वरना इसके बिना हम निम्न स्तर पर ही रह जायेंगे।
- घर में यदि पैसा कम भी हो तो चल सकता है लेकिन यदि प्रेम–प्यार न हो तो परिवार को चलाना बहुत कठिन काम है।
- अपने आस–पास दोस्तों, रिश्तेदारों से मेल–मिलाप बनाएँ रखते रहना चाहिये क्योंकि इसी से हमारे संबध गहरे होते हैं।
- अपनों से कभी गुस्से से मत बोलो और अपने कभी गुस्से में बोले तो उसे कभी भी दिल पर मत लो, अपने कभी नहीं छूटेंगे।
- जहां संसारी व्यक्ति दूसरे के सुख को देख कर दुखी होता है वही महान लोग दूसरों के दुख को देख कर स्वयं दुखी हो जाते हैं।
- हमें अपनी कथनी और करनी को खुद ही जांचते रहना चाहिए, क्योंकि दुनिया के सामने पांखड करना किसी पाप से कम नहीं होता।
- किसी भी व्यक्ति का धार्मिक प्रवचन सुनने का तभी फायदा है जब दुनिया वालों को उसके व्यवहार में उसकी झलक दिखाई देने लगे।
- इंसान को अपना व्यवहार सदा नदी की तरह रखना चाहिये जो राह में मिलने वाली हर छोटी बड़ी नदी–नाले को अपने अंदर समा लेती है।
- आज तक कोई भी इतना अमीर इंसान पैदा नहीं हुआ जिसको किसी दूसरे के सहारे की जरूरत न पड़े न ही कोई इतना गरीब पैदा हुआ है जो किसी दूसरे की मदद न कर सकें।
- जिस परिवार में सब कुछ होते हुए भी प्यार न हो तो वो घर कब्रिस्तान की तरह होता है क्योंकि कब्रिस्तान में भी

बहुत सारे लोग रहते हैं लेकिन वो कभी एक दूसरे से बात नहीं करते।

- यह सच है कि पति–पत्नी की अक्सर आपस में बनती नहीं लेकिन इसे भी झुठलाया नहीं जा सकता कि जिस परिवार में तालमेल बैठ जाये वहाँ फिर एक दिन भी एक दूजे के बिना नहीं चलता।

❑❑❑

34
कुदरत के नियम

- कुदरत कभी भी अपना कोई नियम नहीं तोड़ती।
- प्रकृति, समय और धैर्य यह तीन हर दर्द की दवा हैं।
- कुदरत के नियम हर किसी के साथ एक जैसा बर्ताव करते हैं।
- कुदरत द्वारा बनाई हुई हर चीज की पूजा ही ईश्वर की पूजा है।
- फूल लगाने वालों से फूल तोड़ने वालों की गिनती हमेशा अधिक होती है।
- कुदरत सिर्फ हमें देना जानती है वो हमसे कभी कुछ वापिस नहीं मांगती।
- मुस्कराने में कोई पैसा खर्च नहीं होता परंतु इसका प्रभाव कमाल का होता है।
- सूर्य धरती से जितना पानी लेता है उससे चार गुणा अधिक वापिस लौटा देता है।
- जो फूलों को बर्बाद करे वह किसी भी सूरत में बाग का रखवाला नहीं हो सकता।
- यदि आप सूर्य नहीं बन सकते आप तारा बन कर भी दूसरों को खुश कर सकते हैं।
- हमारी आंख भगवान को कैसे देख सकती है, यह तो खुद को भी नहीं देख सकती।

- यदि इंसान एक फूल को अच्छे से समझ ले तो ईश्वर की महानता समझ आ सकती है।
- हमारे पास गिनती के सांस हैं इसलिये इन्हें जहाँ तक हो सकें नेक कार्यों में लगाना चाहिए।
- कभी भी किसी ऐसी बात को अनदेखा न करो जिससे आप को थोड़ी भी खुशी मिल सकती है।
- जो कोई भी कुदरत के नियम तोड़ता है उसे एक न एक दिन उसकी सजा भुगतनी ही पड़ती है।
- चंदन के वृक्ष को चाहे कितने ही टुकड़ों में काट दिया मगर उसकी सुगंध कभी समाप्त नहीं होती।
- गलतफहमी का एक पल इतना जहरीला होता है जो प्यार भरे सो लम्हों को एक क्षण में भुला देता है।
- एक छोटी सी मुस्कान हमारे चेहरे की चमक को तो बढ़ाती ही है साथ ही दुश्मन को भी दोस्त बना सकती है।
- यदि आप एक बड़ा पेड़ नहीं बन सकते तो पगडंडी की घास बन जाये तो भी हर किसी को सुकून दे सकते हैं।
- जो कोई अपने परिवार को सुखी बनाने में कामयाब रहता है वह दूसरों को भी आसानी से खुश रख सकता है।
- विधाता ने जिस के भाग्य में जो कुछ लिख दिया है उसे उतना ही मिलता है उसे एक रत्ती कम या अधिक नहीं मिल सकता।
- कुदरत अपना हर काम धीरे–धीरे करती है इसी से समझ लेना चाहिए कि तत्काल लाभ देखने वाले कभी बड़े काम नहीं कर सकते।
- समय धन से अधिक मूल्यवान है क्योंकि धन तो आप किसी न किसी तरह से पा सकते हैं परंतु अधिक समय कभी नहीं पा सकते।

- कई बार ढेरों खुशियाँ मिल कर भी एक दर्द को कम नहीं कर सकतीं लेकिन एक दर्द हजारों खुशियों को पल भर में राख कर देता है।
- जिस तरह एक छोटा सा बीज एक बड़े और घने जंगल को जन्म दे सकता है ठीक उसी तरह एक मुस्कान दुनियां के दुख–दर्द कम कर सकती है।
- कभी किसी की बात का बुरा मत मानों क्योंकि हमेशा एक बात याद रखो कि पथ्थर सिर्फ उसी पेड़ का मारे जाते हैं जिस पर फल लगे होते हैं।
- खुशियों की डोर आपकी जिंदगी रूपी पंतग को ऊँचाईयों तक पहुंचा देती है। मगर एक बार पंतग यदि कट जाये तो फिर वो बर्बाद होकर लुट जाती है।
- इंसान की सबसे बड़ी कमी यह है कि वो हर चीज को रूपयों के तराजू में तोलता है जबकि प्रभु हर सांस के साथ अपनी कृपा हम पर बरसाते रहते हैं।
- जब हर कोई यह जानता है कि एक न एक दिन हमारी जीवन लीला समाप्त होनी है तो भी फिर हम अपना हर दिन व्यर्थ के कामों में बेकार क्यूं करते हैं।
- फल के आने से वृक्ष झुक जाते हैं, वर्षा के समय बादल झुक जाते हैं, संपत्ति आने पर सज्जन लोग भी नम्र हो जाते हैं। परोपकारियों का स्वभाव ही ऐसा होता है।
- किसी ने नदी से पूछा कि तुम्हारा पानी मीठा और समुद्र का पानी खारा क्यूं होता है। इस पर नदी ने जवाब दिया कि हमने पानी दूसरों को देने का व्रत ले रखा है जबकि समुद्र सिर्फ उस पानी को अपने पास जमा करता रहता है।

❑❑❑

35

क्रोध की आँधी

- क्रोधी और ईष्यालू इंसान का कोई मित्र नहीं होता।
- क्रोध को त्यागे बिना कोई भी झगड़ा खत्म नहीं किया जा सकता।
- क्रोध पर काबू कर लेने से आधे झगड़े वैसे ही खत्म हो जाते हैं।
- क्रोध को जीतने में मौन जैसा दूसरा कोई सहायक नहीं हो सकता।
- क्रोध आदमी को उसी तरह खत्म कर देता है जैसे कपड़ों को कीड़ा।
- गुस्सा हमेशा बेवकूफी से शुरू होता है और पछतावे पर खत्म होता है।
- जो मुस्कुराता है वह सुन्दर है और जो क्रोध करता है वह बदसूरत है।
- मानव के अंन्दर छिपा हुआ क्रोध ही हथियारों को खतरनाक रूप देता है।
- क्रोध में लिया हुआ कोई भी निर्णय हमेशा हमारी परेशानी का सबब बनता है।
- क्रोध एक ऐसी आंधी की तरह होता है जो हमारे विवेक को नष्ट कर देता है।

- क्रोध को हथियार मत बनाइए, नम्रता का कवच पहनिए तो आप सुरक्षित रहेंगे।
- क्रोध से सदा बचना चाहिए क्योंकि यह काबिल आदमी को भी मूर्ख बना देता है।
- मन को शीतल और शांत रखने के लिये क्रोध को अपने मन से हटाना जरूरी है।
- क्रोध पर थोड़ा सा नियंत्रण रखने से हमारे व्यक्तित्व में बहुत निखार आ जाता है।
- क्रोध की आग को जल की तरह शांत स्वभाव और ठंडे दिमाग से संभाला जा सकता है।
- गुस्से में आदमी बेकार की बातें करते हुए कई बार अपने दिल की बात भी कह जाता है।
- जो मनुष्य अपने क्रोध को अपने ही ऊपर झेल लेता है वह दूसरों के क्रोध से बच जाता है।
- क्रोध में मनुष्य अपने मन की बात नहीं कह पाता वह तो केवल दूसरों का दिल दुखाना जानता हैं।
- जब हम क्रोध की अग्नि में जलते हैं तो सबसे पहले इसका धुआं हमारी आंखों में ही जाता है।
- सामने वाला गुस्से में है तो आप चुप रहिए, वह थोड़ी देर फूं–फां करके खुद ही चुप हो जायेगा।
- आवेश में आकर किया हुआ कोई भी काम सफलता नहीं प्रदान करेगा, बल्कि अहितकारी ही होगा।
- जंगल की आग से भयानक अगर कुछ है तो उसका नाम क्रोध की आग है, इससे सदा बचना चाहिए।
- बुजुर्गों को कभी क्रोध नहीं करना चाहिए क्योंकि बूढ़े आदमी का क्रोध कोई व्यक्ति पसंद नहीं करता।

- हथियार इतने ज्यादा खतरनाक नहीं होते जितना हमारा क्रोध उन्हें घातक बना देता है, इसलिये क्रोध से बचें।
- जब मन में गुस्सा और अशांति हो तो कुछ भी खाना नहीं चाहिए क्योंकि ऐसा भोज़न ज़हर का काम करता है।
- जो व्यक्ति हर समय अपने मन में बुरे विचार रखता है वो अपने क्रोध को लड़ाई–झगड़े से अधिक देर तक नहीं रोक पाता।
- मानसिक थकान, झुंझलाहट और चिड़चिड़ेपन से सदा बचना चाहिए क्योंकि यह सभी मिल कर क्रोध को जन्म देते हैं।
- गुस्सा अकेला आता है मगर हमसे सारी अच्छाईयां ले जाता है। सब्र भी अकेला आता है मगर हमें सारी अच्छाईयां दे जाता है।
- सुबह से शाम तक काम करके आदमी उतना नहीं थकता जितना क्रोध, चिंता और जलन के कारण पल भर में थक जाता है।
- क्रोध से क्रोध बढ़ता है, हिंसा से हिंसा बढ़ती है यदि इन्हें खत्म करना है तो जल रूपी प्रेम–प्यार का छिड़काव करना होगा।
- भक्त को कभी भी क्रोध नहीं करना चाहिए क्योंकि भक्ति में गुस्से और अहंकार से नहीं बल्कि भोलेपन से सब कुछ पाया जा सकता है।
- हमें कभी भी गुस्सा नहीं करना चाहिए क्योंकि एक बार गुस्सा करने से खून की 8 बूंदें नष्ट हो जाती हैं जिन्हें बनने में कई दिन लगते हैं।
- क्रोध आने पर चाहे सबसे रिश्ता तोड़ दो, परंतु भोजन और भजन कभी मत छोड़ो क्योंकि भोजन छोड़ने से शरीर और भजन छोड़ने से अपनी ही आत्मा दुख पाती हैं।

- क्रोध व ईर्ष्या की आग में जलने वाला मनुष्य भी धीरे–धीरे एक सूखे हुए वृक्ष के समान हो जाता है। जिसकी हरियाली सूख जाती है पत्ते भी साथ छोड़ देते हैं। अब भला एक सूखे हुए वृक्ष पर कोई पक्षी अपना आशियाना क्यों बनाएगा।

❑❑❑

36

मां तू कितनी प्यारी है

- मां धरती पर देवी को दूसरा रूप है।
- मां का नाम और रूप दोनों ही मंगलमय हैं।
- मां के चरणों की धूल जन्नत से बढ़ कर होती है।
- मां जैसा इस जहाँ में दूसरा कोई नहीं हो सकता।
- मां सदैव अपने बच्चों के हित की बात सोचती हैं।
- मां सारी उम्र कभी भी अपने काम से छुट्टी नहीं लेती।
- मां–बाप से बढ़ कर और कोई वफादार नहीं हो सकता।
- मां ही इस दुनियां में सिर्फ बिना स्वार्थ के प्यार कर सकती है।
- मां कभी भी अपने लिये नहीं बल्कि अपनों के लिये दुआ करती हैं।
- इस दुनिया में एक मां ही तो है जो हमसे कभी नाराज़ नहीं होती।
- मां वो होती है जिसे हम मुसीबत पड़ने पर सबसे पहले याद करते हैं।
- मां से नाराज़ होकर असल में हम उससे अधिक प्यार की उम्मीद करते हैं।
- मां का आशीर्वाद जिस किसी को मिल गया समझो उसे भगवान मिल गये।

- मां ही संस्कारों की पहली पाठशाला होती है और मां ही हमारी प्रथम गुरू।
- मां सिर्फ हमें जन्म ही नहीं देती बल्कि जीवन जीने की कला भी सिखाती है।
- बल, बुद्धि, ऐश्वर्य आदि की प्रप्ति केवल मां के आशीर्वाद से ही मिल सकते हैं।
- मां अपने परिवार के सारे दुख लेकर घर के सदस्यों को सिर्फ सुख ही देती है।
- बच्चे चाहे कितने भी बदल जायें मां आज भी उन्हें लोरियां सुना कर ही सुलाती है।
- मां के प्यार में वो शक्ति होती है जो हर असंभव कार्य को भी संभव बना देती है।
- मां के पास ऐसी कला होती है कि वो घर के सभी सदस्यों को जोड़ कर रखती है।
- मां को खुश करने के इतना ही काफ़ी है कि उससे एक बार पूछ कि 'मां तुम कैसी हो?'
- हमारी मां चाहे बिल्कुल अनपढ़ हो लेकिन जिंदगी के सबसे अहम पाठ वोहि सिखाती है।
- मां का दिल जीत लो कामयाब हो जाओगे, वरना सारी दुनियां जीत कर भी हार जाओगे।
- ऊपर जिसका अंत नहीं उसे आसमां कहते हैं, जहां में जिसका अंत नहीं उसे मां कहते हैं।
- दुनियां में सबसे उंचा स्थान मां–बाप का ही है, धंर्मग्रन्थों में इनका गुणगाण भरा हुआ है।
- माता पिता उस नाविक की भांति हैं जो अपने बच्चों को दुखों के सागर से पार लगाते हैं।
- मां जब बूढ़ी हो जाये तो अपने बचपन को याद करते हुए जरा सब्र से उसकी बात सुनना।

- मां किसी से चाहे कुछ कहे या न कहे लेकिन वो घर के हर सदस्य का पूरा ख्याल रखती है।
- मां के व्यवहार में कभी कोई बदलाव नहीं आता चाहे उसकी संतान उससे कैसा भी बर्ताव करें।
- मां को सोने से न मढ़ो, हीरे मोतियों से न जड़ो तो चलेगा, पर कभी उसका दिल मत जलाना।
- मां का प्यार अंधा होता है क्योंकि वो हमारे जन्म से पहले ही हमें प्यार करना शुरू कर देती है।
- माता पिता की सेवा को अपना सौभाग्य समझें, बीमारी की अवस्था में अपने हाथों से उनकी सेवा करें।
- मां सारे वंश को आगे बढ़ाने का प्रयास तो सारी उम्र करती है लेकिन वो खुद कभी आगे नहीं बढ़ती।
- मां एक ऐसे प्राणी का नाम है जो सभी की जगह ले सकती है लेकिन मां की जगह कोई नहीं ले सकता।
- पिता हमारी हर मांग पूरी करने से पहले कई सवाल करता है लेकिन बिना मांगे जो सब कुछ दे देती है वह हमारी 'मां' होती है।
- हमने जब पहला स्वास लिया था तब सिर्फ हमारी मां हमारे साथ थी जब वो आखिरी स्वास ले तो हमें उसकी सेवा में होना चाहिए।

❑❑❑

37

छोटी-बड़ी बातें

- हर झगड़े की जड़ झूठ ही होता है।
- पैसा दिमाग में नहीं जेब में रखना चाहिए।
- छोटी चीज की बड़ी परछाई को चिंता कहते हैं।
- क्षमा करना अच्छा है, भूल जाना सर्वोत्तम है।
- हमारा मन हवा की गति से भी तेज चलता है।
- यदि कुछ पाना है तो कुछ छोड़ना भी सीखिए।
- अपने आप को जानना ही सफलता की कुंजी है।
- जब मन प्रसन्न हो तो हर चीज अच्छी लगती है।
- प्रर्दशनी देखने वाले भी प्रर्दशनी का हिस्सा होते हैं।
- मेले को मेले का भाग बन कर ही देखा जा सकता है।
- बुढ़ापे में बच्चे ही मां–बाप के जीने का सहारा होते हैं।
- अच्छे और नेक इंसान का हर कोई लाभ उठा सकता है।
- कुछ लोगों का बहाना उनकी गलती से भी बुरा होता है।
- जहां प्रकाश रहता है वहां अंधकार कभी नहीं रह सकता।
- सदैव मधुर वाणी बोलने से कभी कोई परेशानी नहीं होती।
- सुख और शांति पैसे से नहीं बल्कि संस्कारों से मिलते हैं।
- जो झुकना जानता है वह सारी दुनियां को झुका सकता है।
- भगवान में विश्वास करने की शक्ति हर किसी में नहीं होती।

- जीवन एक सफ़र है और यह कभी भी समाप्त हो सकता है।
- हर शराबी को हजारों बार शराब छोड़ने का तर्जुबा होता है।
- बिना जोश के आज तक कोई भी महान कार्य नहीं हो पाया।
- बुढापे में हर व्यक्ति दुनिया के लिये एक बोझ बनने लगता है।
- जिस की सेहत अच्छी हो उसके लिये हर दिन त्यौहार होता है।
- छात्र पढ़ाई से नहीं डरते, वो सिर्फ परीक्षा के नतीजे से डरते हैं।
- दूसरों के साथ सदा वही व्यवहार करो जो आप दूसरों से चाहते हो।
- जो चीज हमें अच्छी नहीं लगती उसके गुण भी हमें अच्छे नहीं लगते।
- यदि व्यक्ति नेत्रहीन है तो इसका अर्थ यह नहीं कि वह अंधकार में है।
- किसी भी स्थिति में हैरान होने का मतलब खुद को परेशान करना है।
- जहाँ मालिक लापरवाह होते हैं वहां काम करने वाले चोर बन जाते हैं।
- जो कुछ इस संसार में बना है वो सब इसी संसार में ही खत्म हो जाता है।
- यदि कोई व्यक्ति गुंडों से बच भी जाता है तो पुलिस वाले उसे लूट लेते हैं।
- नेता, नौकर, दोस्त, बिजली, टेलीफोन कब धोखा दे जाये कोई नहीं जानता।

- आजकल लोग अपनी कमाई का अधिकांश भाग दिखावे पर खर्च कर देता है।
- यदि आप दूसरों को चोट पहुंचाते हैं तो आप खुद भी चोट खाने को तैयार रहिए।
- जब दुश्मन किसी तरह से काबू में न आये तो उसे मेहरबानियों से मार सकते हो।
- अच्छी बातें सोचते समय व्यक्ति न तो गुस्सा कर सकता है और न ही किसी से लड़ सकता है।
- अपने जीवन में यदि हम छोटी–मोटी घटनाओं को अनदेखा करना सीख लें तो सुख–समृद्धि को पाना कोई कठिन कार्य नहीं रह जाता।
- किसी ने जिंदगी से पूछा कि 'तू इतनी कठिन क्यूं है' जिंदगी ने हंस कर कहा 'क्योंकि दुनिया वाले आसान चीज़ों की कद्र नहीं करना जानते'।
- अच्छी शिक्षा ग्रहण करने के बावजूद भी कुछ लोग धनवान नहीं बन पाते लेकिन ऐसे व्यक्तियों के लिये दुनिया में बहुत सारे विकल्प खुल जाते हैं।
- छत तक जाना हो तो सीढ़िया किसी को भी साहरा दे देती है मगर आसमान को छूने की तमन्ना रखने वालों को अपना रास्ता खुद ही बनाना पड़ता है।

❑❑❑

38
सीधी-सीधी बातें

- ज्ञानी दोस्त जिंदगी का सबसे बड़ा वरदान होते हैं।
- छोटे बच्चें सिर्फ और सिर्फ लेने की भाषा जानते हैं।
- बेटिया अभिशाप नहीं बल्कि एक वरदान और अनमोल धरोहर हैं।
- लाल रंग अगर खतरे का निशान है तो गहरे प्यार की निशानी भी है।
- असली दोस्त वही होता है जो आपको अपनी तरह जीने की पूरी आज़ादी दें।
- अंतिम सांस तक आशा रखने वाले एक न एक दिन मन की शांति पा ही लेते हैं।
- शादी एक ऐसा प्रमाण है जिसके बाद ही आदमी मानता है कि कुंवारे ही भले थे।
- झूठे मित्र साये की तरह होते हैं धूप में साथ चलते हैं और अंधेरे में साथ छोड़ देते हैं।
- अच्छे मित्र बनाने का सबसे आसान तरीका है सबसे पहले खुद अच्छा मित्र बनना सीखों।
- जिनके मिलने के बाद हर खुशी मिल जाती है वो लोग जिंदगी में कम ही मिला करते हैं।

- किसी भी बात को दूसरों के लिये लिखने से पहले उसे खुद अच्छे से समझना जरूरी होता है।
- एक व्यक्ति दूसरे के मन की बात सिर्फ सहानुभूति और प्यार से जान सकता है, उम्र और बुद्धि से नहीं।
- पैसा खर्च करना तो सभी को अच्छा लगता है मगर खुद कमां कर खर्च करने का मज़ा ही कुछ और है।
- अगर एक सुंदर लड़की रोज सुबह सैर करनी शुरू कर दे तो कम से कम पांच लड़कों की सेहत सुधर ही जायेगी।
- यदि आप खुद अपने मालिक बने रहना चाहते हो तो कभी किसी को अपने पर हुकुमत चलाने की इजाजत मत दो।
- एक औरत ही हमें सारी दुनिया दिखाती है इसलिये इंसानियत के नाते कभी भी किसी औरत का अपमान मत होने दो।
- जीवन जीओं तो उस चिराग की तरह जो बादशाह के महल में भी उतनी ही रोशनी देता है जितनी किसी गरीब की झोपड़ी में।
- रिश्तों को निभाने के लिये जब कभी झुकना पड़े तो झुक जाना चाहिए क्योंकि हर रिश्ता एक नाजुक समझौता होता है।
- अधिक दौलत के आने के साथ हमारे अंदर अहंकार, दिखावा, आडंबर, अभिमान और निर्दयता के भाव भी आ जाते हैं।
- हम दूसरों पर विश्वास इसलिये नहीं करते क्योंकि या तो हम उन्हें अच्छे से जानते नहीं या हम उन्हें बहुत अच्छे से जानते हैं।
- स्वर्ग जाने का रास्ता हमारे दिल से ही होकर गुजरता है। वहाँ पहुंचने के लिए हमें अपने प्रेम के पंखों को खोल कर उड़ना होगा।

- बीते हुए कल का अफसोस और आने वाले कल की चिंता दो ऐसे चोर हैं जो हमारे आज की खुशी को चुरा कर ले जाते हैं।
- जिस प्रकार गाड़ी में अगर ब्रेक ना हो तो दुर्घटना निश्चित है, जीवन में अगर संस्कार और मर्यादा ना हो तो पतन निश्चित है।
- जो कोई भूखे को भोजन, नंगे को वस्त्र, रोगी को दवा देकर सहायता करता है परमात्मा उस व्यक्ति के ऊपर दोगुनी कृपा करते हैं।
- पेड़ को काटने वाली कुल्हाड़ी की क्या औकात जो अकेले उसे काट दे पर पेड़ बेचारा क्या करें हत्था तो पेड़ की लकड़ी का ही है।
- किसी के लिये त्याग करना कोई बड़ी बात नहीं है, उससे बड़ी बात तो यह है कि ऐसे इंसान को ढूंढना जिसके लिये त्याग किया जाये।
- एक व्यापारी दिमाग सिर्फ व्यापार के बारे में ही सोचता है, फिर चाहे उसके सामने कोई अजनबी खड़ा हो या उसका अपना परिवार।
- जब लोहे का काम करने वाला टाटा और जूतों का काम करने वाला बाटा बन सकता है तो फिर हम मेहनत करके क्यूं कुछ खास नहीं बन सकते।
- हमें अपनी हिम्मत को यह नहीं बताना चाहिए कि हमारी परेशानी कितनी बड़ी है बल्कि अपनी परेशानी को यह बताना चाहिए कि हमारा हौंसला कितना बड़ा है।
- हम खुशी–खुशी शादी विवाह के लिये दुनिया भर की सूचियां तो बनाते हैं लेकिन इस सारी प्रक्रिया पर ध्यान देते–देते अपनी खुशियों को ही भूल जाते हैं।

- इंसान चाहे तो जीते जी तो दूसरों की मदद कर ही सकता है, मृत्यु के बाद भी आप अपने जरूरी अंग दान करके समाज की बहुत बड़ी सेवा कर सकते हो।
- हाथ से फेंका पत्थर 100 फीट दूर तक जाता है, बंदूक की गोली 100 फीट दूर तक चली जाती है, तोप का गोल 2–3 मील दूर तक चला जाता है लेकिन एक गरीब को दिया हुआ रोटी का टुकड़ा तो स्वर्ग के द्वार तक जाता है।

❑❑❑

39
बातें खरी-खरी

- गलती करने से डरना सबसे बड़ी गलती है।
- माया ने आज तक किसी को सुख नहीं दिया।
- शादी के बाद खुशी तो बस भाग्य का खेल होता है।
- दिमाग के बिना पैसा हमेशा खतरनाक होता है।
- हार का स्वाद मालूम हो तो जीत हमेशा मीठी लगती है।
- विद्वान आदमी चुप रह कर अपने काम को आगे बढ़ाता है।
- सबसे प्यार कीजिए परंतु सबसे पहले खुद से प्यार कीजिए।
- मुंह पर खरी–खरी कह देने वाला बैरी नहीं मित्र कहलाता है।
- केवल भले ही मत बनो लेकिन कुछ भलाई करके भी दिखाओ।
- यदि हमारी जीभ सुधर जायें तो जीवन सुधरने में देर नहीं लगती।
- जिस किसी को सबसे अधिक प्रेम करो वही सबसे ज्यादा दुख देता है।
- प्रेम करना पाप नहीं है, पर प्रेम को लेकर पागल हो जाना पागलपन है।
- यदि जड़ को ठीक न रखा जाए तो फल कभी भी अच्छे नहीं हो सकते।

- दूसरों के दोष ढूंढने से इंसान के अपने ही गुणों में कमी आने लगती है।
- सामान्य व्यवहार से आदमी को काम करने की कला में महारथ मिलती है।
- प्रशंसा चाहते हो तो अपनी आलोचना सुनने और सहने को भी तैयार रहो।
- मन को शुद्ध करने के लिये इंसान को पहले अपना खान–पान शुद्ध करना चाहिये।
- प्रगति के लिये यह जरूरी है कि हम समय–समय पर खुद का आंकलन करते रहें।
- आपने कितना जीया है यह महत्वपूर्ण नहीं है, कैसे जीया है, यह अधिक महत्वपूर्ण है।
- यात्रा पर चलते समय जरूरत से ज्यादा सामान लेकर चलने से सिर्फ परेशानी बढ़ती है।
- नदियाँ की धारा और समय की रफ्तार बहुत तेज होती है इसलिए सदा संभल कर चलें।
- समय–समय की बात है, समय–समय का योग, लाखों में बिक रहे हैं दो कोड़ी के लोग।
- बलवान व्यक्ति की भी बुद्धिमानी इसी में है कि वह जानबूझ कर किसी को शत्रु न बनाऐं।
- बुजुर्गों को चार चीजें देकर खुश करने की बजाए उनको समय देना ही सबसे बड़ी इबादत है।
- हमें यह करना चाहिए, वो करना चाहिए यह भाषण देने की बजाए हमें खुद अमल करना चाहिए।
- सच और झूठ के बारे में कोई कुछ भी कहे लेकिन अपने सच और झूठ के बारे में सब जानते हैं।
- कुछ भी कार्य करने से पहले यह सोचना कि क्या कहेंगे लोग भी अपने आप में एक रोग होता है।

- परम सत्य सूर्य के उजाले की तरह होता है जो हर किसी को बिल्कुल साफ–साफ दिखाई देता है।
- हमारा ये नुकसान हो गया, वो हो गया, यही सोच–सोचकर आगे नुकसान न करें और काम करते रहें।
- कुछ लोगों को मां की दवाई का खर्च मजबूरी लगता है लेकिन सिगरेट का धुआँ उन्हें जरूरी लगता है।
- जात–पात के जहर से हर किसी को बचना चाहिए क्योंकि यह इंसान को इंसान का दुश्मन बना देता है।
- बढ़–चढ़कर आगे रहना और चुप रहकर सबसे पीछे होकर काम करते जाना भी सफलता की निशानी है।
- बुराईयों से बचने के लिये मृत्यु को सदा याद रखे, मृत्यु के भय से व्यक्ति कोई भी बुरा काम नहीं करता।
- यह जरूरी नहीं की आप सौ लोगों की मदद करें आप एक जरूरतमंद की मदद करके भी पुण्य कमा सकते हैं।
- पति जब सारा दिन काम करके घर लौटे तो पत्नी को चाहिए कि खाना खिलाते समय उसे घर की चिंताएं न बताएं।
- आदमी को जब–जब बुराई मिलती है उसकी अपनी गलतियों से ही मिलती है, लिहाजा गलतियों से सबक सीखना चाहिए।
- गणेशजी की दो पत्नियाँ हैं रिद्धि और सिद्धि, हम इंसानों को भगवान ने एक ही दी है और वो भी कसम से बहुत ही जिद्दी।
- आलोचकों को अपने काम में मस्त रहने दीजिए और आप अपना काम पूरी निष्ठा से करते रहिए तो आलोचक मुंह की खाएंगे।
- दुनिया की हर औरत अपने पति का गुस्सा बर्दाश्त कर लेती है लेकिन कोई भी पति अपनी पत्नी का गुस्सा बर्दाश्त नहीं कर पाता।

- जब भी कोई काम करों तो ऐसा करना कि आपके माता–पिता अपनी प्रार्थना में कहें 'है प्रभु, हमें हर जन्म में ऐसी ही संतान देना'।
- संतोष की दौलत बहुत अच्छे नसीब वालों को मिलती है, वरना लाखों–करोड़ों रूपये कमां कर भी लोगों का पैसे के प्रति मोह खत्म नहीं होता।
- हमारे जीते जी हमारी किसी मांग को पूरा करने में घर वाले चाहे कितनी भी देर लगा दे परंतु हमारे मरने के बाद हमारे शरीर को जलाने में बिल्कुल भी देरी नहीं करते।

❑❑❑

40
खास बातें

- आलसी लोग सदा व्यस्त रहते हैं।
- जब पैसा बोलता है तब सत्य मौन रहता है।
- अपनी गलतियों पर हंसे दूसरों की पर नहीं।
- अपनी गलती को गलती समझने वाला महान होता है।
- स्वयं को स्वयं का चौकीदार बनाने में लाभ ही लाभ है।
- प्रत्येक व्यक्ति के लिये उसके विचार ही सभी तालों की चाबी है।
- यदि संसार में मूर्ख लोग न होते तो मजाक किस पर लिखे जाते।
- शुभ विचार, शुभ भावना और शुभ कार्य मनुष्य को सुंदर बना देते हैं।
- जो टूटे को बनाना और रूठे को मनाना जानता है, वही बुद्धिमान है।
- जो बात हर कोई जानता है वो ज्ञान नहीं सिर्फ सूचना मात्र होती है।
- कुछ भी करने से पहले उसके परिणामों पर भी विचार करना जरूरी होता है।
- हमारा दिमाग एक पैराशूट की तरह है, यह तभी काम करता है जब खुला हो।

- क्या हम यह नहीं जानते कि आत्म सम्मान आत्म निर्भरता के साथ ही आता है।
- भाग्य या दूसरों को दोष देने से अच्छा है कि अपने कर्मों पर ध्यान दिया जायें।
- जो आपकी बात सुनते समय इधर–उधर देखें, उस पर कभी विश्वास मत करो।
- कविता गाकर रिझाने के लिए नहीं बल्कि समझ कर खो जाने के लिये होती है।
- शादी लड़की के लिये घर बदलने और लड़के के लिये दल–बदलने जैसा होता है।
- कमाई से अधिक यदि कुबेर भी व्यय करेगा तो वो भी एक दिन निर्धन हो जायेगा।
- दबाव में किया गया समझौता एक अच्छा छाता तो बन सकता है लेकिन एक छत नहीं।
- चींटी से अच्छा उपदेशक कोई नहीं क्योंकि वो काम करते समय सदा खमोश रहती है।
- यदि आप प्रतिदिन एक अच्छा कार्य करते हैं, तो आप एक वर्ष में 365 अच्छे कार्य कर सकते हैं।
- इस जहान में एक नेक इंसान का मिलना मुहाल है और लोग चाहते हैं कि उन्हें भगवान मिल जायें।
- लोग हमें तब याद नहीं करते जब हम अकेले होते हैं लोग तभी याद करते हैं जब वो अकेले होते हैं।
- मैंने यह सोच कर माला ही तोड़ दी कि क्या गिन–गिन कर मांगू उस भगवान से जो बेहिसाब देता है।
- बोलने का सदैव कोई मकसद होना चाहिये और कोशिश करो कि मकसद सदा सकारात्मक होना चाहिये।
- अकाल हो अगर अनाज़ का तब इंसान मरता है, किन्तु अगर अकाल हो संस्कारों का तो मानवता मरती है।

- मिलने पर मित्र का आदर करो, पीठ पीछे प्रशंसा करो और आवश्यकता के समय उसकी जरूरी मदद करो।
- उबाल इतना भी ना हो कि खून सूख कर उड़ जायें। धैर्य इतना भी ना हो कि खून जमें तो खौल भी ना पायें।
- गलती कबूल करने और गुनाह छोड़ने में कभी देर ना करना क्यूंकि सफर जितना लंबा होता वापसी उतनी मुश्किल हो जाती है।
- जब तक बहुत मजबूरी न हो कभी भी थाने, कोर्ट–कहचरी मत जाओं, अगर फिर भी जाना पड़े तो अपनी इज्जत घर पर छोड़ कर जाना।
- जिंदगी में आप जो चाहों हासिल करो पर सिर्फ इतना ख्याल रखना कि आपकी मंजिल का रास्ता कभी भी लोगों के दिलों को तोड़ता हुआ ना गुज़रें।
- कुदरत ने खूबसूरती तो हमारे चारों और बिखेर रखी है लेकिन उसे हर कोई नहीं देख सकता क्योंकि उसे देखने के लिये पारखी नज़र की जरूरत होती है।
- आप जो कुछ जानते हो वो सब कुछ दूसरों को बताने की जरूरत नहीं होती क्योंकि सामने वाला सिर्फ आपकी उतनी बात ही सुनेगा जितनी उसको आवश्यकता होगी।
- जब बीज़ से पेड़ बनता है तो कोई आवाज़ नहीं होती परंतु जब पेड़ गिरता है तो बहुत शोर करता है। इसी बात से यह समझ लेना चाहिये कि विनाश के समय बहुत शोर होता है और निर्माण कार्य चुपचाप किया जा सकता है।

❑❑❑

41
लाख टके की बात

- कई बार सवाल जवाबों से अधिक महत्वपूर्ण होते हैं।
- सच्चा प्रेम दुर्लभ है, सच्ची मित्रता और भी दुर्लभ है।
- धन कमाना बुरा नहीं है, धन का दुरूपयोग करना बुरा है।
- हमें तीन चीज़ें कभी नहीं भूलनी चाहिए, कर्ज़, मर्ज़ और फर्ज़।
- सभी लोगों की सुनें पर अपने दिल की बात कुछ खास लोगों से ही कहें।
- मानव जीवन धूल–मिट्टी की तरह हैं, हम रो–धोकर इसे कीचड़ बना देते हैं।
- आज का इंसान अपनी जिंदगी को सैट करते–करते अपसैट होता जा रहा है।
- यह सोच कर मेरी हर गलती माफ़ कर देना दोस्त कि तुम कौन सा शरीफ हो।
- झूठें इंसान पर खुदा की लानत और सच्चे व्यक्ति पर खुदा की रहमत होती है।
- इंसान बोलना तो कुदरत से सीखता है लेकिन चुप रहना अक्कल से ही आता है।
- याद रखें कि तीन चीजें सदा पर्दे में ही अच्छी लगती है–धन, स्त्री और भोज़न।

- चंद 'पैसों' की बात पर 'लाख' रूपये का गुस्सा करना, फायदे का सौदा नहीं होता।
- ज्ञान के बीज़ एकांत में बोये जाने चाहिए, लेकिन वह फलित होने चाहिए सबके बीच।
- किसी नेक मकसद के लिये बोला गया झूठ उतना ही नैतिक होता है जितना की सच।
- वक्त का पता नहीं चलता है अपनों के साथ पर अपनों का पता चलता है वक्त के साथ।
- अपने जीवन स्तर को बेहतर बनाने के लिए हमें अपनी गलतियों से सीखना जरूरी होता है।
- महान लोगों की गलतियों की बुरे लोगों की गलतियों की तुलना में ज्यादा आलोचना की जाती हैं।
- नए साल पर लिया गया संकल्प जो तोड़ता है वो कमज़ोर है और जो संकल्प लेता है वो मूर्ख है।
- जब हमारी कोई भी प्रतिभा बाहर आती है तो उसका सिर्फ हमें ही नहीं पूरे समाज का फायदा होता हैं।
- बड़ा आदमी बनना अच्छी बात है लेकिन जरूरत इस बात की है कि उससे पहले हम एक नेक इंसान बनें।
- छाता और दिमाग जब खुले हुए होते हैं तभी उचित प्रयोग में आते हैं नहीं तो बेकार बोझ बढ़ाते रहते हैं।
- डरपोक इंसान अपनी मृत्यु से पहले कई बार मरते हैं, बहादुर मौत का स्वाद बार–बार नहीं बस एक बार ही चखते हैं।
- आपकी लड़ाई कोई और क्यूं लड़ेगा, कुछ भी पाने के लिये हर किसी को अपनी लड़ाई खुद ही लड़नी पड़ती है।
- एक छोटे से दीपक का प्रकाश कितनी दूर तक जाता है, इसी तरह बुरी दुनिया में एक अच्छा काम चमचमाता है।

- दीपक जलाने की रस्म अब पुरानी हो गई है, आज के दौर में लोग एक दूसरे को जला कर अधिक आनंद महसूस करते हैं।
- किसी के दिल को ठेस पहुंचा कर माफ़ी मांगना बहुत ही आसान है, लेकिन चोट खाकर किसी को माफ़ करना बहुत ही मुश्किल हैं।
- आप चाहे कितने भी अच्छे काम कर लो या कितने भी ईमानदार बन जाओं पर दुनिया तो आपकी एक गलती का इंतजार कर रही है।
- दुनिया की सबसे सस्ती चीज़ है 'सलाह' एक से मांगो हज़ारों से मिलती है और सबसे मंहगा है 'सहयोग' हज़ारों से मांगो एक से मिलता हैं।
- सीखने की ललक रखने वाले तो चींटी से भी बहुत कुछ सीख लेते हैं क्योंकि एक चींटी अपने से पांच गुना अधिक वज़न उठा कर मंजिल की ओर बढ़ती है।
- मेहनत तो हर आदमी को करनी पड़ती है फर्क सिर्फ इतना है कि गरीब आदमी पेट भरने के लिये और अमीर व्यक्ति पेट कम करने के लिये मेहनत करता है।
- कोई इंसान चाहे 100 साल तक जीए लेकिन उसके जीवन में एक भी ऐसा दिन नहीं आता जिस दिन उसे किसी न किसी परेशानी का सामना न करना पड़ें।

❑❑❑

42
तीखी बातें

- बस जायके में थोड़ा कड़वा है वर्ना सच का कोई जवाब नहीं है।
- अपनी बुद्धि और दूसरों का पैसा सभी को अधिक दिखाई देता है।
- बारूद से खेलने वालों की तबाई भी एक दिन बारूद से ही होती है।
- कुछ लोग आगे बढ़ने के लिये दूसरों के सिर पर पैर रखने से भी गुरेज़ नहीं करते।
- यह सोच कर हमें दूसरों की हर गलती माफ़ कर देनी चाहिए कि हम कौन सा शरीफ़ हैं।
- रूपया कितना भी गिर जाऐ इतना कभी नहीं गिर पायेगा जितना रूपये के लिये इंसान गिर चुका हैं।
- जो ताकतवर होता है अधिकतर लोगों को न चाहते हुए भी उसकी बात को मानना ही पड़ता है।
- अगर सड़क और चौराहों पर शोर मचाना क्रांति है तो यह काम तो जानवर भी युगों से करते आ रहे हैं।
- जलेबी स्त्रीलिंग होने के दो कारण होते हैं, पहली तो वो मीठी और दूसरी वो कभी सीधी नहीं हो सकती।
- आजकल मिलावट का ऐसा दौर चल निकला है कि कीड़े मारने वाली दवाईयों में भी कीड़े पड़ने लग गये हैं।

- हमें अपने बच्चों को यह सिखाने से पहले कि वो हिंदू हैं या मुसलमान, उन्हें इंसानियत का पाठ पढ़ाना चाहिए।
- आज़ की पीढ़ी प्रेम–प्यार का दम तो बहुत भरती है परंतु जरूरत पड़ने पर वहां भी सौदेबाजी शुरू कर देते हैं।
- अपने जन्मदिन पर जश्न मनाने के साथ इस बात को भी याद रखों कि हमारे जीवन का एक और अनमोल वर्ष खत्म हो गया है।
- ''पालीटिक्स'' दो शब्द पॉली और टिक्स से बनता है, पॉली का अर्थ बहुत और टिक्स का मतलब खून चूसने वाला जीव।
- अमेरिका मे, युवा सरकार चलाते हैं और बूढ़ों को पैंशन देते हैं, हमारे देश में बूढ़े सरकार चलाते हैं और युवाओं को टेंशन देते हैं।
- एक ताजा शोध से पता चला है कि यदि पत्नी करवाचौथ की जगह मौन व्रत रखे तो पति 25 साल अधिक जिंदा रह सकता है।
- औरत बेटे को जन्म देने के लिये अपनी सुंदरता का त्याग कर देती है और वही बेटा एक सुंदर बीवी के अपनी मां को त्याग देता है।
- मंदिर, गुरूद्वारों में दान देने से पहले किसी मजबूर की मदद करो क्योंकि हमारे दान की भगवान से ज्यादा जरूरतमंदों को जरूरत है।
- कुछ लोग हर मौके पर दहाड़ते तो शेरों की तरह है लेकिन ज़रा सी मुसीबत आने पर गीदढ़ की तरह दुम दबा कर सबसे पहले भाग जाते हैं।
- हर दिन इस तरह से बिताओं कि रात को चैन की नींद आ सके और हर रात इस तरह से बिताओं कि सुबह किसी से आंख या चेहरा न छिपाना पड़े।

- छोटी सोच रखने वाले पहले तो अपने ही घर में कांटों के बीज़ बोते हैं, जब यह बीज़ बड़े होकर पेड़ बनने लगते हैं तो उन्हें कांटों से डर लगने लगता है।
- दूसरों के प्रति मन में हर समय सर्वनाश की भावना रखने से दूसरों का सर्वनाश तो पता नहीं कब होगा लेकिन अपने सर्वनाश की शुरूआत पहले ही हो जाती है।
- हमें कभी भी अपनी दौलत और बुद्धि का अहंकार नहीं करना चाहिए क्योंकि कोई नहीं जानता कि ऊपर वाला कब किसी को राजा से रंक और रंक से राज़ा बना दें।
- कोई कहता है कि दुनिया 'प्यार' से चलती है, कोई कहता है कि दुनिया 'दोस्ती' के दम से चलती है लेकिन विद्वान लोगों का कहना है कि दुनिया तो सिर्फ 'मतलब' से चलती है।
- औरतें जितनी ईमानदारी और ध्यान से अपने दर्जी और फोटोग्राफर की बातें सुनती हैं यदि इतने ही गौर से पति की बातें समझ ले तो बहुत सारे झगड़े अपने आप खत्म हो जायेंगे।
- सोचने वाली बात यह है कि भले ही आज़ लोग पाश्चात्य संस्कृति के पीछे भागते हों पर एक बात सदा याद रखनी चाहिए कि सूरज़ भी जब–जब पश्चिम में जाता है डूब ही जाता है।
- बगुलें के हाव–भाव देख कर कुछ लोग उसे भक्त समझने लगते हैं क्योंकि उसका तन सुंदर और साफ़ होता है जबकि उसका मन सबसे अधिक मैला होता है। इससे तो कौवा अच्छा है अंदर बाहर से एक जैसा ही है।
- कुछ समय पहले तक लोग बच्चों का रिश्ता करते समय एक दूसरे के संस्कारों से परिवार का रूतबे का अंदाजा लगा लेते थे परंतु आजकल घर में रखे हुए कुत्तों की नस्ल से एक दूसरे के हैसयित जानने की कोशिश करते हैं।

- गली के कुत्ते को जिस घर से एक–दो बार रोटी मिल जाये वो उस घर में रोज़ हाज़री भरने जाता है। हम प्रभु–परमात्मा से सब कुछ पाकर भी उसके द्वार पर नहीं जाते, इस बात से हर कोई अंदाजा लगा सकता है कि हम में से अच्छा कौन है।

❑❑❑

43
ताल ठोक के

- आलस्य से मिला हुआ आराम बहुत मंहगा पड़ता है।
- छोटी सोच वालों की जीभ अक्सर बहुत बड़ी होती है।
- इंसान तारे तभी देख पाता है जब बिल्कुल अंधकार होता है।
- झूठ बोल कर जीतने से अच्छा है कि सच बोल कर हार जाओं।
- आवश्यकता आविष्कार की जननी है, गल–फ्रेंड आवश्यकताओं की जननी है।
- अगर हम गिरते हैं तो उसके बाद और अच्छी तरह से चलने का रहस्य सीख जाते हैं।
- भूखा पेट, खाली जेब और झूठा प्रेम इंसान को जीवन में बहुत कुछ नया सिखा जाते हैं।
- कभी भी झूठ मत बोलो क्योंकि एक छोटा सा झूठ भी बहुत बड़ी दूरी पैदा कर सकता है।
- सबसे करीबी वो इंसान होता है तो हमारे मुस्कुराने पर भी पूछ ले कि तुम उदास क्यूं हो?
- हमें कभी भी अपनी परेशानियों और समस्याओं के लिये दूसरों को दोषी नहीं मानना चाहिए।
- संसार में न तो कोई हमारा मित्र है और न ही शत्रु, हमारे विचार ही हमें इसके लिए उतरदायी बनाते हैं।

- आज का इंसान भगवान को दिल से नहीं मानता बल्कि उससे डरता है सिर्फ इसीलिये उसकी पूजा करता है।
- अपने आप को संभालने के लिए दिमाग का इस्तेमाल करना चाहिए और दूसरों को संभालने के लिए दिल का।
- आजकल की पीढ़ी गैरों की बेटी पर तो जान देते हैं और जब अपनी बेटी होने लगती है तो उसकी जान लेते हैं।
- जिस प्रकार संपूर्ण लेखन जैसी कोई चीज़ नहीं होती ठीक ही वैसे संपूर्ण निराशा जैसी भी कोई चीज़ नहीं होती।
- अमीर से अमीर इंसान भी एक दिन इतना गरीब हो जाता है कि उसके पास पैसे के सिवाए और कुछ नहीं बचता।
- विद्वान लोगों की सबसे बड़ी खोज़ यह है कि व्यक्ति महज़ अपना दृष्टिकोण बदल कर अपना भविष्य बदल सकता है।
- हम जिंदगी में गलतियाँ करके उतना दुखी नहीं होते जितना कि बार–बार उन गलतियों के बारे में सोच कर दुखी होते हैं।
- चालाक होना अच्छी बात है लेकिन जरूरत से अधिक चालाक होने पर हर जगह निंदा का पात्र ही बनना पड़ता है।
- परिवार के साथ सिर्फ और सिर्फ प्यार का रिश्ता होता है इसलिये इसमें किसी किस्म की सौदेबाजी से सदा बचना चाहिए।
- हालात के मुताबिक एहसास बदल जाते हैं बस और कुछ नहीं, वरना मोहब्बत और नफरत एक ही दिल से की जाती है।
- बुरी बातें, गालियाँ बैंरंग पत्र की तरह होती हैं यदि आप इन्हें स्वीकारते नहीं तो यह खुद–ब–खुद वापिस देने वाले के पास ही जायेगी।

- दुख एक ढीठ मेहमान की तरह होता है आप चाहे लाख कोशिश कर लो लेकिन अगर उसे आपके पास आना ही है तो वो आकर ही रहेगा।
- एक साल में 50 मित्र तो कोई भी बना सकता है, लेकिन 50 साल तक एक ही मित्र से मित्रता निभाना सच में बहुत ही खास बात होती है।
- सुखी जीवन जीने के लिए कभी भी अतीत की चिंता मत करों, भविष्य का विश्वास न करो और वर्तमान के हर पल का सद्उपयोग करो।
- कभी किसी मूर्ख के साथ बहस नहीं करनी चाहिए क्योंकि वो आपको अपने स्तर तक गिरा देगा और आपको अपने घटिया अनुभव से पीटेगा भी।
- अपने जीवन में कुछ दोस्त दर्पण जैसे और कुछ परछाई जैसे रखने चाहिए क्योंकि दप्रण कभी झूठ नहीं बोलता और परछाई कभी साथ नहीं छोड़ती।
- अपने से योग्य व्यक्ति, बॉस और बुजुर्ग को कभी सलाह नहीं देनी चाहिए। अगर शांति से रहना है तो वह कुछ गलत भी कर रहे हो तो आंखे मूंद कर चुपचाप निकल जाना चाहिए।
- जिस तरह नाटक में जब तक खलनायक न हो उस समय तक नायक की छवि में चमक नहीं आती बिल्कुल इसी तरह हमारे आलोचक हमें जीवन में अच्छे काम करने के लिये सचेत करते रहते हैं।
- जो अपनी सेहत का ध्यान रखना जानते हैं वो छप्पन भोग से दूर ही रहते हैं क्योंकि वो जानते हैं कि छप्पन भोग जीभ को कुछ पल का स्वाद तो दे देंगे लेकिन साथ ही हमारे स्वास्थ्य को खराब कर देंगे।

❑❑❑

44

कुछ तो करो विचार

- कर्म करने में अधिकार है, फल पाने में नहीं।
- केवल कर्महीन व्यक्ति ही भाग्य को कोसते हैं।
- प्रत्येक बुरा कर्म हमें परमात्मा से दूर करता है।
- मनुष्य जितना ज्ञान में घुल जाता है उतना ही कर्म के रंग में रंग जाता है।
- स्वतंत्र व्यक्ति वही है जो अपने काम के लिये किसी दूसरे पर निर्भर नहीं करता।
- यदि आपके स्वभाव में मुस्कान नहीं है तो कभी भी दुकानदारी के चक्कर में मत पड़ना।
- कार्य चाहे जितना भी छोटा हो उसे बिना टालमटोल के शीघ्र आरम्भ कर देना चाहिए।
- वह स्थान सचमुच मंदिर है जहां पुस्तकें हैं और उनको पढ़ने के बाद अमल किया जाता है।
- धन–दौलत को जोड़–जोड़ कर रखने वाले को भला क्या पता कि दान में कितनी मिठास होती है।
- दान देने की इच्छा हो तो टालमटोल कभी मत करो, लेकिन दान केवल सुपात्र को ही देना चाहिए।
- इंसान तो क्या भगवान भी जब–जब धरती पर आए हैं उन्हें भी अपने कर्मों की परीक्षा देनी पड़ी है।

- विवेक से काम न ले पाने के कारण युवा लोग गलत राह पर चल कर अपनी ऊर्जा बर्बाद कर रहे हैं।
- जो कोई हमारा थोड़ा भी ध्यान रखें उनका साथ निभाने में हमें कभी टाल–मटोल नहीं करनी चाहिए।
- हमें फालतू की बातें करने की बजाए हर अच्छी बात को अधिक से अधिक लोगों तक पहुंचाना चाहिए।
- किसी दूसरे की सेवा करना थोड़ा कठिन जरूर होता है लेकिन हमें कभी भी टाल–मटोल नहीं करनी चाहिए।
- युवा पीढ़ी आज के दौर में टीवी और इंटरनैट में अपना सुख ढूंढने की चाह में समाज़ से दूर होते जा रहे हैं।
- कोई भी बीमारी अपने आप नहीं आती हम अपने खानपान और अन्य कई कारणों से खुद ही निमंत्रण देते हैं।
- जिस दिन हमें यह समझ आ गई कि नेकी करने से शांति मिलती है उस दिन से हम सारे बुरे कर्म करना खुद ही छोड़ देंगे।
- यदि हम हर कार्य को पूरा करने के लिये टालमटोल में माहिर हैं तो हमसे बढ़ कर हमारा कोई दूसरा शत्रु नहीं हो सकता।
- नेकी करने के लिये टालमटोल नहीं करना चाहिए क्योंकि हो सकता है कि कल हम से चला ही न जाये, बोला या सुना भी न जायें।
- जो बूंद–बूंद करके जवानी के दिनों में पैसा बचाते रहते हैं उन्हें बुढ़ापे में मदद के लिये किसी दूसरे के सामने हाथ नहीं फैलाना पड़ता।
- धोखाधड़ी तो हर कोई करता है बस फर्क सिर्फ यह है कि कुछ तो स्वीकार कर लेते हैं लेकिन कुछ नहीं करते और उनमें से मैं भी एक हूँ।

- आज़ के लोग उस वक्त किसी की कद्र नहीं करते जब वो अकेले हो, बल्कि लोग उस वक्त दूसरों की कद्र करते हैं जब वो खुद अकेले होते हैं।
- अच्छे रोज़गार की कमी के कारण भी बहुत से युवा अपनी सकारात्मक सोच छोड़ कर नकारात्मक और निराशा के माहौल में जीने को मज़बूर हो रहे हैं।
- आज के जमाने में कुछ ऐसा सिलसिला चल पड़ा है कि कोई वक्त गुज़ारने के लिये अपना बना लेता है तो कोई अपना बना कर वक्त गुज़ार लेता है।
- यह हमारे देश की खुशकिस्मती है कि हम सभी भगवानों को एक जैसा मानते हैं लेकिन बदकिस्मती यह है कि हम किसी भी भगवान की एक भी बात नहीं मानते।
- किसी से बार–बार मदद मांगने की बजाए उस गुण को सीखना चाहिए जिससे न सिर्फ आप अपने कार्य को ठीक से कर सकें बल्कि दूसरों की भी मदद कर सकें।
- हमें सदा अपने कर्मों पर विश्वास करना चाहिए राशियों पर नहीं क्योंकि राम–रावण, कृष्ण–कंस, गांधी–गोडसे, ओबामा–ओसामा इनकी राशिया तो एक है पर कर्म अलग–अलग।
- जब हम डूबते हैं तो पानी को दोष देते हैं, जब ठोकर खाकर गिरते हैं तो पत्थर को दोष देते हैं। जब हम से कुछ नहीं हो पाता तो किस्मत और कर्मों को दोष देने लगते हैं।
- मुश्किल के समय में हम अपने दोस्तों और रिश्तेदारों से मदद की उम्मीद करते हैं जबकि हम यह जानते हैं कि वो अपनी मदद खुद नहीं कर सकते। ऐसे में फिर क्यूं न भगवान से रिश्ता बनाए जो हर किसी की हर समय मदद करते हैं।

❑❑❑

45
भय का त्याग

- इंसान मौत से नहीं मरने से डरता है।
- ज्ञानी लोग कभी किसी से नहीं डरते।
- सबसे बड़ा डर समाज़ में बदनामी से होता है।
- जीते जी मरना सीख लो तो मृत्यु का भय खत्म हो जाता है।
- जो अनजान डर से डरते हैं वो कभी भी चैन से नहीं जी पाते।
- जैसे ही डर आपको सताने लगे उसे उसी समय नष्ट कर दीजिये।
- किसी भी काम को पहली बार करने में इंसान सबसे अधिक डरता है।
- जिस किसी ने डर पर काबू पाना सीख लिया उसकी जीत निश्चित है।
- भय को दूर भगाने के लिए ज्ञान व विवेक की प्राप्ति ही एक मात्र उपाय है।
- जिसे भविष्य का डर नहीं होता है वो ही वर्तमान का आनंद उठा सकता है।
- मन में भय का अर्थ है कि मैं स्वयं के लिए व दूसरों के लिए एक खतरा हूँ।

- मां–बाप दो ऐसे लफ्ज़ है जो हमें हर परेशानी और डर से लड़ना सिखाते हैं।
- भय से ही दुख आते हैं भय से ही मृत्यु होती है और भय से ही बुराईयाँ उत्पन्न होती हैं।
- कुछ लोग मौत के बाद वाले समय से तो डरते हैं परंतु जीते जी कुर्कम करने से नहीं डरते।
- डर सिर्फ हमारे मन में होता है इसे जितनी जल्दी हो सकें त्याग देने में ही भलाई होती है।
- भय से मुक्त जीवन जीने के लिये हमें ज्ञानवान होने के साथ आत्मविश्वासी भी होना पड़ेगा।
- जो कोई अपने डर पर काबू पाना नहीं जानते उन लोगों को डर अपने काबू में कर लेता है।
- सबसे पहले वही लोग मंजिल तक पहुंचते हैं जो बिना डरे सबसे पहले चलना शुरू करते हैं।
- यदि आप मृत्यु से भयभीत होते हैं तो इसका अर्थ यह है कि आप जीवन का महत्व नहीं समझते।
- चिंतामुक्त जीवन जीने के लिये हमें भूत–भविष्य को भूल कर केवल वर्तमान का आनंद उठाना चाहिए।
- हम चिंता और भय से जितना अधिक घबरायेंगे यह उतनी ही तेजी से हमारे ऊपर हावी होते जायेंगे।
- अपने दिल की बात सदा खुल कर कहनी चाहिए नहीं तो इसके लिये सारी उम्र कष्ट भोगना पड़ता है।
- डर से कभी भी डरना नहीं चाहिए क्यूंकि डर हमें वो पाने से रोकता है जो हम आसानी से पा सकते हैं।
- हर इंसान सबसे अधिक मौत से डरता है जिसने इस पर विजय पा ली उसने समझो भय पर विजय पा ली।
- जो मौत से डर जाता है वह जीवन के महत्व को समझ नहीं पाता और सारी जिदंगी भटकता ही रहता है।

- जैसे पके हुए फलों को गिरने के सिवाए कोई भय नहीं वैसे ही पैदा हुए मनुष्य को मृत्यु के सिवा कोई भय नहीं।
- डर विश्वास के विपरीत है, जब हम डरते हैं तो हम भगवान को यह संदेश देते हैं कि हम उस पर विश्वास नहीं करते।
- जो डर से डरता है, डर उसे और अधिक डराता है। इसलिये डर से डरने की बजाए सदा उसका डट कर मुकाबला करना चाहिए।
- हमारा सवाल चाहे कितना भी तीखा क्यूं न हो लेकिन बिना डरे उसे कहने का ढंग इतना सरल होना चाहिए कि सामने वाले को हमारी बात चुभे नहीं।
- हर व्यक्ति में इतनी प्रतिभा जरूर होती है कि वो अपने दिल की बात अच्छे से ब्यां कर सकें, वो बात अलग है कि बहुत सारे लोग घबरा कर इसे अपनी जुबां पर नहीं लाते।
- डर ऐसी कोई चीज़ नहीं है जिसे खत्म न किया जा सकें। जो व्यक्ति अपने आत्मविश्वास को कायम रखने में कामयाब हो जाता है वह बहुत जल्द ही डर से उभर जाता है।
- डर सिर्फ उन्हीं लोगों को सताता है जो अपना काम वक्त पर नहीं करते। जो कोई योजनाबद्ध तरीके से काम करना जानते हैं वो समझते हैं कि वक्त उनके लिये कभी नहीं रूकेगा।
- दुख तो हर अमीर–गरीब, ज्ञानी–अज्ञानी के जीवन में आते ही रहते हैं। फर्क सिर्फ इतना होता है कि समझदार लोग दुख से डरने की बजाए उसे निपटा देते हैं और कमज़ोर लोगों को दुख निपटा देता हैं।
- जब कभी आपको किसी बात का डर बहुत अधिक सताने लगे, उस समय आप उस विषय को छोड़ कर किसी भी दूसरे विषय पर बात करनी शुरू कर दे तो कुछ ही देर में डर खुद ही खत्म हो जायेगा।

❑❑❑

46
महत्वपूर्ण सच्चाई

- एक नेक विचार हमारी जिंदगी बदल सकता है।
- सोने से पहले और जागने के बाद सदा शांत रहना चाहिये।
- याद रखने योग्य तीन बातें, सोचो, समझो फिर काम शुरू करो।
- कभी भी गलतफहमी का शिकार होकर अच्छे सम्बन्धों को न बिगाड़े।
- रास्ते पर चलते तो सभी हैं, लेकिन मंजिल हर किसी को नहीं मिलती।
- परोपकार का फल लम्बे समय तक मिलता है और सदैव स्थाई होता है।
- हमारी जीवन शैली जितनी सादी होगी जीवन उतना ही आराम से कटेगा।
- वो इंसान सबसे श्रेष्ठ है जो खुद को हर प्रकार के हालात में ढाल लेता है।
- कठोर वाणी और कल्पनाओं में खोए रहने का मतलब है समय का नाश करना।
- आमदनी से अधिक खर्च करने का अभिप्राय है कि आप दुर्व्यसनों में घिर रहे हैं।

- सच्चाई आदर्श का पालन नहीं करती बल्कि यह तय करती है कि आदर्श कैसे हो?
- अनुकूल और प्रतिकूल दोनों ही परिस्थितियों में संयम रखना ही शांति का रास्ता है।
- जब–जब आप दूसरों के दोष निकालते हो तो आपके खुद के दोष भी उजागर होते हैं।
- विजयश्री का असली मजा तब मिलता है जब आपने पराजय का कड़वा घूट पी रखा हो।
- छल–कपट और असत्य की उम्र क्षणिक होती है, सत्य की उम्र ही सबसे अधिक होती है।
- आज जब मानव का नैतिक पतन हो रहा है तो किस चीज को अच्छा कहा जा सकता है।
- सत्य के लिये सब कुछ छोड़ा जा सकता है, लेकिन सत्य की बलि कभी नहीं दी जा सकती।
- रत्न हमेशा मिट्टी से ही निकलते हैं, तिजोरियों ने तो कभी एक भी रत्न उत्पन्न नहीं किया है।
- गैर लोग हमें कभी दर्द नहीं देते क्योंकि वो जानते ही नहीं कि हमें किस बात से तकलीफ होती है।
- मन तो बहुत चंचल होता है इसलिये समझदार लोग अपने सभी निर्णय मन की बजाए बुद्धि से लेते हैं।
- जिस दिन आदमी खुद को तलाश कर लेता है उसी दिन उसका मन आईने की तरह साफ हो जाता है।
- कच्ची उम्र और गीली मिट्टी दोनों नाजुक होती हैं, जरा सी ठेस लगने से बिगड़ने की संभावना होती है।
- बड़े–बड़े गुनाह सिर्फ भीड़ ही करती है जबकि पूर्ण सच्चाई का उजागर हमेशा अकेला इंसान ही करता है।
- यदि आपके चेहरे पर चिंता की रेखायें हैं तो आप दूसरों को भी चिंतित कर देते हैं। क्या यह अच्छी बात है।

- मन और आचरण सदा ही शुद्ध होने चाहिये, क्योंकि मैले आईने पर तो सूर्य का भी प्रतिविंब दिखाई नहीं देता।
- इस दुनिया में केवल दो प्रकार के ही लोग होते हैं एक तो वो जो मर चुके हैं दूसरा वह है जो मरने की तैयारी में हैं।
- आप अपने जीवन में चाहें जितना मर्जी धन इक्ट्ठा कर लो परंतु एक बात मत भूलना कि मौत का फरिश्ता कभी रिश्वत नहीं लेता।
- आज का काम कभी भी कल पर न टालो न जानें कल कौन सा नया काम आ जाये कि फिर हम आज का काम कर ही न पायें।
- कोई काम कोई भी कर सकता है, लेकिन शान उसी की बनती है जो किसी काम को खास और अलग तरीके से करता है।
- केवल कानून की पकड़ में ही आने से कोई अपराधी नहीं होता, हर प्रकार का गलत काम करने वाला भी अपराधी की श्रेणी में ही आता है।
- अधिक संख्या से अधिक गुणवत्ता का महत्व होता है दस ट्रक कोयले के भी मिलकर इतनी ऊर्जा पैदा नहीं कर सकते जितना कि एक किलो यूरेनियम।
- मौन से मस्तिष्क को आराम मिलता है और इसका अर्थ है शरीर को आराम मिलना। कभी कभी सिर्फ आराम रूपी औषधि की ही शरीर को आवश्यकता होती है।
- आम आदमी सतसंग में बैठ कर भी अपने हितों के बारे में सोचता रहता है जबकि हमें कभी कभार समाज के उस वर्ग के बारे में भी सोचना चाहिये जिनका कोई नहीं होता।
- मुश्किल समय और बुरे दिनों में ही हमारी विभिन्न–विभिन्न लोगों से जान पहचान होती है जो अन्यथा संभव नहीं, ऐसे समय में ही सब का असली चेहरा सामने आ जाता है।

- सहयोग के महत्व को इस बात से समझा जा सकता है कि दोनों हाथ मिल कर तो एक दूसरे को साफ कर सकते हैं लेकिन एक हाथ अकेला खुद को भी साफ नहीं कर सकता।

❑❑❑

47
सेवा और त्याग

- दान हमेशा खुशी से देना चाहिए।
- दया और दान जैसा कोई पुण्य नहीं होता।
- नेकी और परोपकार का फल हमेशा मिलता है।
- दूसरों का भला करना प्रभु की सच्ची पूजा करने जैसा है।
- लालची बनना है तो दूसरों की सेवा के प्रति लालची बनों।
- भूखों को भरपेट अन्न खिलाने से भी पूजा की जा सकती है।
- कल्याण भावना रखने से दृष्टि और वृत्ति दोनों बदल जाती हैं।
- जीवन का सार तत्व सेवा है, यह प्राणी के मोक्ष का हेतू भी है।
- अपने हिस्से से बिना कुछ दिये किसी का भला नहीं हो सकता।
- संकटग्रस्त व्यक्ति की मदद करना गंगा नहाने से भी बढ़कर है।
- परेशान और दुखी मानव की सेवा करना ही भगवान की सेवा है।
- सबकी सेवा करके बचा हुआ ही खाएं, उसी से पाप नष्ट होते हैं।

- सबसे बड़ी सेवा है जीवन की खुशियों को दूसरों के साथ बांटना।
- किसी प्राणी के साथ हिंसा न करें, न ही शारीरिक न ही वैचारिक।
- बड़े–बुजुर्गों की सेवा करने से प्रभु भक्ति चेतना फल प्राप्त होता है।
- सच्चे दिल से दिया गया दान कई यज्ञों के पुण्य के बराबर होता है।
- बोलो कम, करो ज्यादा, बैठो कम, चलो ज्यादा चिंता कम काम ज्यादा।
- मनुष्य को उसके द्वारा की गई सेवा का फल पीढ़ियों तक मिलता रहता है।
- अपने आसपास असमर्थ लोगों का यथाशक्ति आदरपूर्वक भरण–पोषण करें।
- जरूरतमंद की समय पर की गई मदद भगवान के सच्चे सत्संग की तरह है।
- समर्थवान होते हुए भी किसी की मदद से इंकार करना सबसे बड़ा पाप है।
- धन–दौलत को जमां करने वाले क्या समझे कि दान देने में कितना सुख है।
- गरीब, लाचारों की जो इंसान मदद करता है, उसकी मदद भगवान करता है।
- दान देने के बाद उसका खुद ही गुणगान करोगे तो पुण्य नहीं मिल पाएगा।
- गरीब और जरूरतमंद की मदद के लिए सदा तैयार रहना सबसे बड़ी पूजा है।
- जरूरतमंद की मदद से बड़ा कोई दान नहीं और इससे बड़ी कोई पूजा नहीं होती।

- दानशीलता व्यक्ति को न केवल महान बनाती है बल्कि मानसिक शांति भी देती है।
- श्रम, भूमि, रोटी, आटा दान करें, दान मनुष्य को त्याग, बलिदान की शिक्षा देता है।
- शरीर प्राण के बिना, धन दान के बिना और जीवन ज्ञान के बिना एकदम बेकार है।
- कोई भी सेवा दिखावे के लिए नहीं बल्कि खुद दिल की भावनाओं से करनी चाहिए।
- दीन दुखियों की सेवा करो, भगवान के सेवकों की सेवा ही भगवान की सच्ची भक्ति है।
- कमजोर की मदद करनी चाहिए और जो उसकी मदद करता है वह परोपकारी कहलाता है।
- जो जरूरतमंदों की मदद करता है और गिरों हुओं को उठाता है वो खुदा से कम नहीं होता।
- दान देने से बचत की खुशहाली झलकती है, खुशहाल हुए बिना दान देना आसान नहीं होता।
- दान इंसान को सबसे महान बनाता है और आपको त्याग, बलिदान की सदा प्रेरणा देता रहता है।
- जब आप दूसरों की भलाई करते हैं तो आपको खुशी के साथ–साथ बड़ों का आर्शीवाद भी मिलता है।
- अगर किसी चीज़ का त्याग करना ही है तो झूठ बोलना छोड़िए और कुछ पाना है तो सच कहना सीखिए।
- अगर किसी ने जीवन में कभी दान नहीं किया तो वह पापी है इसलिए आज से ही पुण्य कमाना शुरू करो।
- धन–दौलत तो हर कोई इक्ट्ठा करता है एक बार इसका थोड़ा त्याग कर के भी देखो बहुत सुकून मिलता है।
- प्रभु ने हमें दो हाथ इसलिये दिये हैं कि एक हाथ से अपने काम करें और दूसरे हाथ से दान–पुन्य करते रहें।

- आज़कल के लोग सेवा–त्याग की बातें तो बहुत करते हैं लेकिन इन्हें अमली जामा पहनाते समय उन्हें घबराहट होती है।
- दुआओं की कीमत जानना चाहते हो तो एक बार किसी गरीब की झोली में कुछ डाल कर देखो कि इस मंहगाई के जमाने में भी दुआएं कितनी सस्ती हैं।
- केवल मंदिर, गुरूद्वारों या अन्य नदियों एवं सरोवरों में स्नान करने से कभी मन की शांति नहीं मिलती उसके लिये हमें अपने विचारों सेवा और त्याग की भावना को लाना होगा।

❑❑❑

48
दुख तो अपना साथी है

- दूसरों के दुख में साथ खड़े होना सच्ची इंसानियत है।
- अधिक पैसे के आने से सुख कम और दुख अधिक आते हैं।
- जिन्हें हम सुख समझते हैं असल में वोहि दुख का कारण बनते हैं।
- आप दूसरों के दुख दूर करते रहो, आपके सारे दुख राम दूर कर देंगे।
- यह दुनियां अगर दुखों का घर है तो संतुष्टि से प्रसन्नता पाई जा सकती है।
- यदि किसी का साथ प्रेम वाला हो तो फिर हर दुख भी सुख में बदल जाता है।
- जो अंदर से थोड़ा भी कमज़ोर होते हैं वो जरा सा दुख आते ही तिलमिला उठते हैं।
- दुख भोगने वाला तो आगे सुखी हो सकता है लेकिन दुख देने वाला कभी सुखी नहीं हो सकता।
- जन्म, मृत्यु, कष्ट, बीमरियों को छोड़ कर बाकी सभी दुख हमारी अपनी मनोदशा के कारण होते हैं।
- सुख–दुख हमारे दूध के दांतों की तरह होते हैं, यह बहुत जा कर फिर से नये रूप में आ जाते हैं।

- दुख जिंदगी का एक हिस्सा है, यह आता है और जाता भी है परंतु निराश होने पर दुख स्थाई हो जाता है।
- जैसे दीपक का प्रकाश घने अंधकार के बाद दिखाई देता है उसी प्रकार सुख का अनुभव भी दुख के बाद ही होता है।
- जो कुछ हमारे शरीर को अच्छा लगता है उसे हम सुख और जो अच्छा नहीं लगता उसे हम दुख समझने लगते हैं।
- हम अपने छोटे–छोटे दुखों से जल्द ही घबरा जाते हैं लेकिन क्या हमने कभी किसी महापुरूष के दुखों को जानने की कोशिश की है।
- दुख हमारी जिंदगी को, गुस्सा रिश्तों को, झूठ विश्वास को, अपनों का साथ गम को, धोखा प्यार को सदा के लिये खत्म कर देता है।
- हम अपने दुखों से दुखी होकर भागते हैं हमें दुखी होकर भागना नहीं है बल्कि उनका मुकाबला करने के लिये जागने की जरूरत है।
- सुख और दुख कोई दो अलग चीजे नहीं हैं यह दोनो ही हमारी सोच के मुताबिक पनपते हैं। इसलिये सदैव अपनी सोच सकारात्मक रखो।
- हमारे पास काफी कुछ है लेकिन सामने वाले के पास हमारे से ज्यादा क्यूं है यदि यह विचार छोड़ दिया जायें तो फिर जीवन में सुख ही सुख है।
- आप चाहे भगवान राम, कृष्ण जी या सिखों के गुरूओं का जीवन इतिहास देख लो, इसे देखते ही हमें अपने दुख बहुत छोटे महसूस होने लगेंगे।
- दुख तो हर किसी के जीवन में आते हैं, फर्क सिर्फ इतना है कि हिम्मत वाले दुख को निपटा देते हैं और कमज़ोर सोच वालों को दुख निपटा देते हैं।

- अक्सर लोग कहते हैं कि दुख बुरा होता है, जब आता है रूलाता है। लेकिन यदि गौर से देखा जायें तो दुख जब भी आता है कुछ न कुछ सिखा कर जाता है।
- मन के दुखी होने पर हम दुखी हो जाते हैं मन के खुश होने पर हम खुश होते हैं तो कोई मन को काबू करने में कामयाब हो जाते हैं वो सदा सुखी रहते हैं।
- नेक इंसान हमेशा दूसरों को सुख और खुशी देने की कोशिश करते हैं क्योंकि वो जानते हैं कि किसी को दुख देने से हमें दुख और खुशी देने से खुशी ही मिलती है।
- जिंदगी एक दर्द भरी पुस्तक की तरह है कभी कभार कोई दुखद अध्याय आ भी जाऐं तो चिंता मत करो, अगला अध्याय हो सकता है कि पहले से भी अधिक खुशियां लेकर आए।
- हम सभी यह तो जानते हैं कि सुख–दुख हमारे जीवन के साथ–साथ चलते हैं, लेकिन यह बात बहुत कम लोग जानते हे कि जब तक हमारा शरीर है हमें दुख सहन करने ही पड़ेंगे।
- दुख को बदलने की सबसे आसान विधि यही है कि हम खुद को हालात के मुताबिक ढालना सीख लें, क्योंकि हमारे अंदर अभी इतनी शक्ति नहीं है कि हम प्रभु की इच्छा के विरूद्ध कुछ भी कर पाऐं।
- साधनों का होना आपको सुखी नहीं कर सकता और न ही उनका त्याग आपको सुखी कर सकता है। वस्तुतः साधन न तो आपको सुखी कर सकते हैं न दुखी, क्योंकि सुख और दुख तो मात्र मन की दशा है।
- हमारे दुख हमारी अज्ञानता के कारण ही आते हैं। हम धन–दौलत, प्रतिष्ठा जैसी चीजों को पाने में सदैव उलझे रहते हैं जोकि स्थाई नहीं होती। जब यही चीजें हम से छूटने लगती हैं तो हमें दुख होता है।

- जैसी जिसकी कल्पना होती है, उसे सब कुछ वैसा ही दिखाई देता है। अच्छी कल्पना रखने से सब कुछ स्वर्ग जैसा प्रतीत होता जबकि नकारात्मक ख्याल मन में रखने से हर चीज कष्टदायक लगने लगती है।

❑❑❑

49
तेरा-मेरा

- अपने दिल की बात सदा खुल कर कहने से रिश्तों में फर्क नहीं आता।
- किसी से भी नफ़रत या प्यार करने के लिये एक पल ही काफ़ी होता है।
- दो दिलों के बीच़ सबसे बड़ी दूरी एक छोटी सी गलतफ़हमी पैदा करती है।
- कभी भी किसी बात की पुष्टि किये बिना उसे बढ़ा–चढ़ा कर नहीं कहना चाहिए।
- जो कुछ हम अपने लिये चाहते हो वैसा ही हमें दूसरों के लिये भी सोचना होगा।
- आज तक कभी किसी भी महापुरुष ने मानवता में किसी किस्म के फर्क की बात नहीं कही।
- जो लोग दिल के बहुत अच्छे होते हैं जमाना उसका अक्सर नाजायज फायदा भी उठाता है।
- पानी हमेशा पेड़ की जड़ में ही देना चाहिए, तने पर पानी डालने का कोई फायदा नहीं होता।
- यदि मैं अपने सारे लेन–देन ईमानदारी से करता हूँ, तो मुझे कभी भी भय का अनुभव नहीं होगा।
- मन में जो कुछ हो उसे साफ़–साफ कह देना चाहिए, क्योंकि 'फैसला' 'फासले' से बेहतर होता है।

- मुझे क्या हक है कि मैं किसी को मतलबी कहूँ, मैं तो खुद अपने रब को मुसीबतों में याद करता हूँ।
- आपसी रिश्तों में किसी भी बात को घुमा–फिरा कर कहने की बजाए सीधी मुद्दे की बात करनी चाहिए।
- जो तुम्हारे हैं वो कभी साथ नहीं छोड़ेंगे पर जो छोड़ भी दे वो कम से कम दुबारा दिल तो नहीं तोड़ेंगे।
- भोज़न जैसा भी हो उसे प्रसाद समझ कर ग्रहण करो क्योंकि प्रसाद में कभी कोई कमियाँ नहीं निकालता।
- यदि हम चाहते हैं कि लोग सदा हमारे साथ अच्छे से पेश आऐं तो पहले हमें अपना स्वभाव बदलना होगा।
- दुनिया वाले भी कमाल के हैं, आपकी सौ अच्छाईयों को भूलकर आपकी एक गलती को सदा याद रखते हैं।
- कोई व्यक्ति कितना भी धनवान, समृद्ध या ऊंचे पद पर क्यूँ न हो अगर उसका चरित्र शुद्ध नहीं है तो समझो वह कंगाल है।
- जिंदगी में कभी भी किसी की खुशियों को खराब न करो, हो सकता है यह उसकी जिंदगी की आखिरी खुशी हों।
- यह जानते हुए भी कि हर नई सुबह इंसान की उम्र कम कर देती है इंसान का जिंदगी से प्यार बढ़ता ही जाता है।
- गुस्से में बोला हुआ एक कठोर शब्द इतना जहरीला होता है कि आपकी हज़ार प्यारी बातों को एक मिनट में नष्ट कर सकता है।
- आप और अपनों में बहुत फर्क होता है। आप के सामने दुख ब्यान नहीं किया जा सकता अपनों के सामने दिल खोल कर रख सकते हैं।
- हमारा सवाल चाहें कितना भी तीखा क्यूं न हो लेकिन कहने का ढंग इतना सरल होना चाहिए कि सामने वाले को हमारी बात चुभे नहीं।

- आज हर कोई अपने बारे में, अपने स्वार्थ के बारे में सोचता है। जबकि हमें अपने साथ–साथ दूसरों के हितों के बारे में भी सोचना चाहिए।
- सच्चे रिश्तों की खूबसूरती एक दूसरे की गलतियाँ बर्दाशत करने में है, क्योंकि बिना कमी का इंसान तलाश करोगे तो अकेले ही रह जाओगे।
- अज़ब दुनिया की भी कितनी गज़ब कहानी है, बचपन में लड़ते थे कि मां मेरी है, मां मेरी है, परंतु अब बड़े हो कर लड़ते है कि मां तेरी है, मां तेरी है।
- यदि आपस में तालमेल बिठा कर कोई कर्म किया जायें तो अच्छा फल मिलता है। लेकिन अगर सभी अपने–अपने रास्ते पर चल पड़े तो बात नहीं बनती।
- सिर्फ अपने बारे में सोचने से कभी सुख नहीं मिलता बल्कि अशांति ही मिलती हैं और दुख बढ़ते हैं। यह नियम जीवन के हर क्षेत्र में लागू किया जा सकता है।
- कोई भी दो व्यक्ति जब आपस में धन का लेन–देन करते हैं तो वो उतना ही रहता है। जबकि अच्छे विचारों के आदान–प्रदान से दोनों का ज्ञान दोगुना हो जाता है।
- किसी भी विषय पर बात करते समय हमारे व्यक्तित्व में आत्मविश्वास का भी बहुत महत्व होता है इससे हमारी बात का सामने वालों के ऊपर अच्छा प्रभाव पड़ता है।
- गलतियों से जुदा तू भी नहीं मैं भी नहीं, दोनों इंसान हैं खुदा तू भी नहीं मैं नहीं, हम दोनों एक दूसरे को इल्ज़ाम देते रहते हैं मगर अपने अंदर झांकता तू भी नहीं मैं भी नहीं।
- अपनी बात कहते समय जब हम यह चाहते हैं कि हर कोई हमारी बात पूरे ध्यान से सुने तो इसी के साथ हमें यह बात भी सोचनी होगी कि हम सामने वाले की बात भी उतने ही ध्यान से सुनें।

- अच्छे व्यक्ति के साथ मित्रता उस गन्ने की तरह होती है, जिसे आप कितना ही तोड़ो, दबाओ, चूसो यहाँ तक की पीस ही डालों, हर बार उसमें से सिर्फ और सिर्फ मिठास ही निकलती है।
- सारी दुनिया को ईमानदार और अच्छा बनाने की कोशिश करने से अच्छा है कि हर व्यक्ति सिर्फ खुद को ईमानदार बना ले, यदि हर व्यक्ति खुद ईमानदार हो जाये तो दुनिया तो अपने आप ईमानदार हो जायेगी।

❑❑❑

50

मान-सम्मान

- दूसरों से प्रेम करने का मतलब अपने आप से प्रेम करना है।
- दूसरों का मान–सम्मान करने से खुद का मान–सम्मान भी बढ़ता है।
- यदि इज्जत पाना चाहते हो तो दूसरों की इज्जत भी करनी सीखिए।
- अपने भाई–बंधु जिसका आदर करते हैं, दूसरे भी उसका आदर करते हैं।
- महापुरूषों का सर्वश्रेष्ठ सम्मान हम उनका अनुकरण कर के ही कर सकते हैं।
- जो दूसरों का सम्मान नहीं करते, उन्हें खुद भी मान–सम्मान कभी नहीं मिलता।
- जो लोग पलकों पर बिठाने में जल्दी करते हैं वो नज़रों से गिराने में देर नहीं लगाते।
- जो व्यक्ति दूसरों का सम्मान नहीं करता उसे तो पशु की श्रेणी में रखा जाना चाहिए।
- जब अहंकार और लोभ सीमा से अधिक बढ़ जाता है उस समय आदमी पागल हो जाता है।
- जो लोग अपना अपमान करने वालों का घमंड नहीं तोड़ते वो अधिक समय तक नहीं चल पाते।

- जहां सम्मान ना हो वहा कभी जाना नहीं चाहिए, जो अपमान करे, उसे कभी बुलाना नहीं चाहिए।
- आजकल इज्जत इंसान की नहीं पैसे की होती है इसलिये गरीब इंसान का कोई मित्र नहीं होता।
- आदर प्राप्त करने का पहला और आखिरी उपाय यही है कि दूसरों का भी आदर करना शुरू करें।
- सम्मान खुद ब खुद नहीं मिलता बल्कि उसका ही सम्मान होता है जो दूसरों का सम्मान करता है।
- अगर आप चाहते हैं कि दूसरे लोग आपको प्यार करें तो फिर सबसे पहले आप खुद को प्यार करें।
- दूसरों की नजरों में अच्छा बनने की चाह रखने से पहले हमें खुद की नजरों में अच्छा बनना चाहिए।
- हमारी दौलत के कारण जो सम्मान हमें मिलता है वह असल में हमारा नहीं बल्कि दौलत का सम्मान होता है।
- कोई भी व्यक्ति हमारे से हमारा आत्मसम्मान उस समय तक नहीं छीन सकता जब तक हम उसे खुद इसकी इजाजत नहीं देते।
- यदि आप चाहते हैं कि दूसरे लोग आपकी इज्जत करें तो उसके लिये पहले आपको खुद अपनी इज्जत करनी होगी।
- इज्जत हमेशा इज्जतदार लोग ही करते हैं क्योंकि जिनके पास खुद इज्जत नहीं वो किसी और को क्या इज्जत देंगे।
- यदि संसार में बेटियाँ न होती तो आज़ न कोई किसी का रिश्तेदार होता न ही किसी को मान–सम्मान मिलता।
- मान–सम्मान केवल उसी को मिलता है जो दूसरों का मान–सम्मान करता है, अपमान करने वाले को अपमान ही मिलेगा।
- जितना आप दूसरों में अवगुण देखेंगे, उतना ही आप पर अवगुणों का असर पड़ेगा। कमजोरियां संक्रामक रोग की तरह होती है।

- जो संसार में कमियां निकालते हैं उनसे बड़ा अज्ञानी कोई नहीं क्योंकि संसार को तो खुद परमात्मा ने बनाया है।
- बेटों को प्यार करना अच्छी बात है लेकिन इसी के साथ बेटियों की इज्जत और सम्मान का ख्याल करना भी हमारा कर्तव्य बनता है।
- हम चाहें आकाश की अनंत ऊचाईयों को छू लें लेकिन अपने बड़े–बुजुर्गों की अशीष के बिना न तो मान पा सकते हैं ना ही सम्मान।
- दूसरों के साथ वैसा ही बर्ताव करें जैसा कि स्वयं चाहते हैं, दूसरों के साथ वैसा बर्ताव कभी न करें जैसा दूसरों से नहीं चाहते हो।
- कामयाब व्यक्ति की चमक तो हर किसी को दिखाई देती है परंतु वो कितनी अंधेरी गलियों से हो कर गुजरा है, उसे कोई नहीं देखता।
- जीवन में कुछ काम ऐसे करो कि सारे जहान में आपका नाम हो जाये या नाम में इतनी पहचान पैदा करो कि नाम लेते ही काम हो जायें।
- आज़ हम प्यार के मायनें भूलते जा रहे हैं जबकि हमारा सबसे पहला निःस्वार्थ और सच्चा प्यार सिर्फ और सिर्फ हमारी मां का ही होता है।
- जिस प्रकार व्यापार में फ़ोन का भोज़न में मौन का बहुत महत्व होता है, उसी तरह पूजा में चंदन का स्वागत में अभिनंदन का महत्व होता है।
- आज़ का इंसान पैसे के पीछे इतना पागल हो चुका है कि अपनी तहजीब और ईमान तक बेचने लगा है। कुछ लोग तो यहा तक कहते हैं कि तुम अपना दाम बताओ यहाँ तो इंसान भी बिकते हैं।

❑❑❑

51

दिल की आवाज़ सुनो

- इंसानियत कभी भी मजहब या जाति के आधार पर भेदभाव नहीं करती।
- हर समय तनाव में रहने के कारण हमारा व्यक्तित्व बहुत कमज़ोर हो जाता है।
- संसार में प्रेम और शांति केवल इंसानियत के माध्यम से ही लाई जा सकती हैं।
- अच्छे मित्र, अच्छी किताबें एक आदर्श जीवन जीने में बहुत ही मददगार होती हैं।
- बुराई चाहे कितनी भी बड़ी क्यू न हो लेकिन वो सच्चाई के सामने हमेशा छोटी रहती हैं।
- हमारे अधिकाशः दुख असल में हमारे नहीं होते हम तो खुद उन्हें दूसरों से लेकर आते हैं।
- यदि नीति और रास्ता स्पष्ट न हो तो हम आगे बढ़ने की बजाए और अधिक पिछड़ जाते हैं।
- आज हम सभी पढ़ाई लिखाई करके सब कुछ जान लेते हैं सिवाए इसके की कैसे जीआ जाए।
- हर इंसान अपना शिक्षक खुद होता है क्योंकि उसे अपने हर सच और झूठ का ज्ञान होता है।
- जो मेरा है वो कभी भी कही जा नहीं सकता, जो मेरा नहीं है उसे मुझे कोई दिला नहीं सकता।

- कोई भी समझदार व्यक्ति न तो कभी किसी का बुरा सोचता है और न ही किसी से ईर्ष्या करता है।
- हर शरीफ़ व्यक्ति अपनी इज्जत बचाने के लिये कातिल, डाकू और बलात्कारी से सदैव डरता रहता है।
- अच्छी सोच के बिना संतोष नहीं पाया जा सकता और बिना संतोष के शांति का मिलना मुश्किल होता है।
- जिस चीज को हम आन और शान समझ कर ग्रहण करते हैं असल में वही नशा हमारे नाश का द्वार होता है।
- सच्चाई और बुराई को जब तराजू के पलड़े में तोला जाता है तो अच्छाई के सामने बुराई कहीं नहीं टिक पाती।
- जीवन का सबसे बड़ा उपयोग इसी में है कि इसे किसी ऐसी चीज़ में लगाऐं जो इसके खत्म होने के बाद भी जिंदा रहें।
- हम चाहें समाज़ और कानून से छिप कर कोई भी गलत काम कर लें लेकिन प्रभु–परमेश्वर तो हमें हर पल देखता ही रहता है।
- ज्ञानी लोग सदा ही समझाते हैं कि हंसने वालों के साथ सदा दुनिया हंसती है जबकि रोने वालों से दुनिया वाले दूर भागते हैं।
- जितनी सोच और शक्ति हम धन कमाने में लगाते हैं उससे कहीं कम शक्ति से हम कई नेक कार्य निपटा सकते हैं।
- अच्छी तरह से कार्य को पूर्ण करने के लिये उसमें बेहतर प्रशासन और अनुभव का तालमेल होना बहुत जरूरी होता है।
- बुराई से जुड़े लोग कुछ समय के लिये बुराई की बातें करते हैं जबकि सच्चाई एक लम्बे अरसे तक याद रखी जाती है।

- आज के इस प्रतिस्पर्धा वाले दौर में अधिक मुनाफ़ा केवल वही इंसान कमां सकता है जो गुणवत्तायुक्त सेवा देने की क्षमता रखता हो।
- जब कभी किसी का साथ दो तो कोशिश करके उम्र भर का देना चाहिए, दो पल का साथ तो कंधा देने वाले भी दे दिया करते हैं।
- नकली मोती तो बाज़ार में हज़ारों मिल जाते हैं लेकिन असली मोती तो केवल ज्ञान ही होता है जिसकी चमक कभी फीकी नहीं पड़ती।
- संसार में दो प्रकार के लोग होते हैं एक जो हर बात पर वाद–विवाद करते रहते हैं और दूसरे जो शांति से हर मसले को हल करना जानते हैं।
- किसी भी कार्य को शुरू करने से पहले सोच–विचार करना अच्छी बात है, लेकिन एक ही बात को लेकर सोच में डूब जाने से नुकसान अधिक हो सकता है।
- किसान जिस तरह फसल उगाने के लिये अपने पौधो की बच्चों से बढ़ कर देखभाल करता है उसी तरह कुछ अच्छा पाने के लिये हमें भी परिश्रम करना पड़ता है।
- आज की दुनिया में अच्छा घर बनाने वाले, अच्छा खाना बनाने वाले तो बहुत मिल जाते हैं लेकिन अच्छी बातों के बारे में बताने वाले लोग बहुत कम होते जा रहे हैं।
- यदि हमारे पास संतोष और अच्छी सोच नहीं है तो सोचो हमने आज़ तक क्या कमाया है? क्या आज तक कोई भी व्यक्ति अच्छी सोच के बिना सुख–चैन से जी पाया है।
- कभी भी किसी के ऊपर जरूरत से अधिक विश्वास मत करो, कभी किसी अनज़ान से अधिक प्यार मत करो, कभी जरूरत से अधिक अपेक्षा मत रखों क्योंकि जरूरत से अधिक हर चीज़ हमेशा कष्ट ही देती हैं।

- कुछ लोगों को बगीचे में गुलाब का फूल होते हुए भी केवल कांटे ही दिखाई देते हैं जबकि समझदार लोग कीचड़ में भी कमल को देख लेते हैं। यह सब कुछ हमारे अपने दृष्टिकोण पर ही निर्भर करता है।

❑❑❑

52
आदर्श विचार

- दिमाग की ताकत सदा अभ्यास करने से बढ़ती है आराम करने से नहीं।
- अपने आप कोई काम नहीं होता हर काम हमें खुद ही करना पड़ता है।
- सुबह का एक सकारात्मक विचार आपका सारा दिन अच्छा बना सकता है।
- व्यापार से लाभ कमाना जरूरी है परंतु इसके लिए ग्राहक का सम्मान भी किया जाना चाहिए।
- कभी भी उम्मीद का दामन मत छोड़ो न जाने आने वाला कल हमारे लिये कौन सा हसीन तौहफा ले आऐं।
- शक्ति के अभाव में विश्वास किसी काम का नहीं होता। सफल होने के लिये विश्वास और शक्ति दोनों ही अनिवार्य हैं।
- नकारात्मक विचार वालों को कभी भी अपने दिमाग में मत रहने दो, जितनी जल्दी हो सकें उन्हें वहाँ से बाहर निकाल दो।
- केवल प्रकाश का अभाव ही अंधकार नहीं होता, प्रकाश की अति भी मनुष्य की आँखों के लिये अंधकार पैदा करती हैं।
- सज्जन पुरुष ज्ञान पाने के बाद भी विनम्र बने रहते हैं जैसे पानी से भरे बादल और फलों वाले वृक्ष हमेशा नीचे की ओर रहते हैं।

- फूल और कांटे एक ही वृक्ष और एक ही टहनी पर उगते हैं लेकिन अपने–अपने स्वभाव के कारण कितने भिन्न होते हैं।
- जिस तरह जौहरी ही असली हीरे की पहचान कर सकता है, उसी तरह गुणी इंसान ही गुणवान व्यक्ति की पहचान कर सकता है।
- ज्ञानी लोग सदैव ही दूसरों की कमजोरियों पर पर्दा डालते हैं लेकिन ओछे व्यक्ति सिर्फ दूसरों की कमियाँ बताने में ही विश्वास करते हैं।
- इंसान को नमक की तरह होना चाहिए जो खाने में रहता है पर दिखाई नहीं देता और अगर ना हो तो उसकी कमी बहुत महसूस होती है।
- जैसे अंधे के लिए जगत अंधकारामय है और आँखों वाले के लिए प्रकाशमय है वैसे ही अज्ञानी के लिए जगत दुखदायक है और ज्ञानी के आनंदमय।
- इंसान पैदा होने से लेकर जीवन के आखिरी पलों तक तिजोरियाँ भरते रहते हैं मगर अफसोस वो यह नहीं जानते कि मौत का फरिश्ता रिश्वत नहीं लेता।
- दुनिया का सबसे सुखी इंसान वो है जिसे रात को सोने के लिये नींद की गोलियाँ न खानी पड़े और सुबह उठने के लिये किसी की मदद की जरूरत न पड़े।
- मानों या न मानों सुनने में क्या जाता है, कई बार नेक मश्वरा काम आ जाता है। मन के खिड़की दरवाजे रखिए खुले सदा औरों का अनुभव भी बहुत कुछ सिखा जाता है।
- हमने शरीर को ठंडा गर्म रखने के लिये एयरकंड़ीशन और अन्य कई उपकरण बनाए हैं लेकिन दिमाग को ठंड़ा रखने के लिये अभी तक ऐसी कोई मशीन नहीं बन सकी।
- जो व्यक्ति हमारे उत्साह को कम करते हो उनसे सदा बचना चाहिए क्योंकि ऐसे लोग ना तो जीवन में कुछ कर पाते हैं

और ना ही किसी दूसरे को कुछ बनते देख कर खुश होते हैं।

- यदि हम चाहें तो अपना सारा जीवन पवित्र रख सकते हैं जैसे गंगा की धारा कभी इधर कभी उधर गिरती है, सैंकड़ों बार दायें–बायें मुड़ती है लेकिन फिर भी सदा पवित्र रहती हैं।
- दो व्यक्ति बेकार तकलीफ उठाते हैं और बेमतलब मेहनत करते हैं, एक वह जो धन इक्ट्ठा करता है पर उसे भोगता नहीं दूसरा वह जो ज्ञान प्राप्त करता है पर उसके अनुसार आचरण नहीं करता।
- हर इंसान एक बादशाह की तरह पैदा होता है पर एक भिखारी की तरह मरता है। क्योंकि वह उन चीजों के पीछे भागता रहता है जो उसके पास नहीं है और उन चीजों को भूलता जाता है जो उसके पास हैं।
- हमें सदा अपनी भाषा और भावों पर काबू रखने की जरूरत होती है क्योंकि यदि हमारे भाव बिगड़ जाये जो हमारा नुकसान हो सकता है और हमारी भाषा बिगड़ जाये तो सारे परिवार का नुकसान हो सकता है।
- हर कोई यह तो जानता है कि हमें क्या खाना चाहिये क्या नहीं खाना चाहिये जिससे हमारा शरीर ठीक रह सके और तबीयत न बिगड़े। लेकिन क्या कभी किसी ने यह सोचा है कि बुरे विचारों से हमारी आत्मा पर कितना बुरा असर पड़ता है।
- क्या हमने कभी सोचा है कि हमें जन्म दूसरे देते है, हमारा नाम दूसरे लोग रखते हैं, शिक्षा दूसरे देते हैं, काम करना भी दूसरे सिखाते हैं, अंत में शमशान में भी दूसरे लोग लेकर जाऐंगे। हमारा इस संसार में है क्या जो फिर भी हम इतना अहंकार करते हैं।

- इस दुनियां में जो कुछ हो रहा है वो सब परमात्मा की मर्जी से ही हो रहा है। हमारे साथ जो कोई सुखद या दुखद घटना घटती है वो परमात्मा की इच्छा से ही होती है, इसलिये हमें प्रभु के हर निर्णय को खुशी–खुशी स्वीकार करना चाहिए।

❑❑❑

53
अटूट सत्य

- बीते हुए समय पर आंसू बहाना मूर्खता है।
- एक ही गलत बात पर अड़े रहना मूर्खता होती है।
- हर धर्म दूसरे धर्म का आदर करने की प्रेरणा देता है।
- अधर्म करने वाला मनुष्य बहुत जल्दी बर्बाद हो जाता है।
- मुसीबत में रोने–धोने की बजाए शांत रहकर कर्म करना चाहिए।
- जीवन में सिर्फ दिखावट और बनावट से कुछ हासिल नहीं होता।
- मैत्री भाव से सारे समाज में सामाजिक रिश्ता कायम किया जा सकता है।
- अगर औरतें नहीं होती तो इस दुनिया की सारी दौलत बेमानी हो जाती।
- अनपढ़ लोगों का एक ही उसूल होता है कि उनका कोई उसूल नहीं होता।
- अगर आप पूर्व दिशा में जाना चाहते हैं तो पश्चिम दिशा की तरफ न देखें।
- सिर्फ वही पैसा आपको सुख दे सकता है जो ईमानदारी से कमाया हुआ हो।
- दूसरों की सेवा करना और मददगार की मदद करना, सबसे बड़ी इंसानियत है।

- उल्लू को यदि दिन में दिखाई नहीं देता तो इसमें सूर्य का कोई दोष नहीं है।
- प्रेम एक ऐसा फल है जो हर मौसम में मिलता है और जिसे सभी पा सकते हैं।
- जिस व्यक्ति के अंदर असल में गुण होते हैं उसे दिखावे की जरूरत नहीं पड़ती।
- दूसरों को सुधारने की बात करने से पहले हमें अपने आप में सुधार लाना चाहिए।
- दूसरों की मदद में पहल करने वाला व्यक्ति भगवान की सबसे पहली पंसद होता है।
- जिस इंसान के पास संतोष का खज़ाना है वही इस जगत में सबसे अधिक सुखी है।
- झूठी शानों–शौकत के चक्कर में हमें अपनी शक्ति व्यर्थ में नष्ट नहीं करनी चाहिए।
- हर लड़ाई–झगड़े की शुरूआत हमारे अपने स्वार्थ और जलन की भावना से होती है।
- हम अपने मन के विकारों को सिर्फ और सिर्फ ज्ञान की रौशनी से ही मिटा सकते हैं।
- पैसे के दम पर हम अपने घर–बाहर को तो सुधार सकते हैं लेकिन अपने चरित्र को नहीं।
- अपने सुखों में इज़ाफा करना है तो दूसरों की खुशी को देखकर ईर्ष्या करना बंद कर दो।
- जब सभी रास्ते बंद हो जायें तो भी एक रास्ता खुला रहता है ओर वो होता है प्रार्थना का।
- जब शरीर को भोजन की जरूरत है तो आत्मा की भूख शांत करने के लिए भजन भी कीजिए।
- ताकत की नुमाइश करने से कोई शाक्तिशाली नहीं बनता, विनम्र व्यक्ति ही ताकतवर बनता है।

- अपने पैसों को दौगुना करने का सबसे आसान तरीका है कि इन्हें दौहरा मोड़ कर जेब में रख लो।
- दुआ से हमें वो सब कुछ भी हासिल हो सकता है जिसके बारे में हमने शायद कभी सोचा भी नहीं।
- भोजन में कभी भी दोष मत निकालिए इसे प्रसाद समझकर स्वीकार करने से ही घर में प्रेम बढ़ता है।
- जब बाजार में खोटा पैसा नहीं चलता तो फिर जिसके आचरण में खोट है वह समाज में कैसे चलेगा।
- जिस भोज़न को खाने से हमारा मन, शरीर और बुद्धि पर बुरा असर पड़ता हो उससे सदा दूर रहना चाहिए।
- हमारा मन तो सफेद कपड़े की तरह होता है उसे जिस रंग में डुबाते जाओगे उस पर वही रंग चढ़ता जायेगा।
- काश कुछ दिनों के लिए दुनिया छोड़ जाना मुमकिन होता, सुना है लोग बहुत याद करते हैं दुनिया से चले जाने के बाद।
- हर दुख और परेशानी का कारण हमारी अज्ञानता ही होती है, जब तक हम अज्ञान रहेगे हमारे कष्ट खत्म नहीं हो सकते।
- धन के भी पर होते हैं, कभी–कभी तो यह स्वयं उड़ते हैं लेकिन अधिकाशः लोग धन को दिखावे के लिये उड़ाते हैं।
- अपने सुख के लिये चाहें कोई भी काम करो परंतु इस बात का ध्यान रहे कि उस काम से कभी किसी दूसरे को कोई तकलीफ न हो।
- जैसा करोगे वैसा भरोगे, जैसा बोओगे वैसा काटोगे, जैसी करनी वैसी भरनी यह सभी कहावतें बहुत पुरानी हो चुकी है परंतु आज भी हमारे जीवन पर खरे सोने की तरह बिल्कुल खरी उतरती हैं।

❑❑❑

54
जानों तो मानों

- दुश्मनी करने से दुश्मनी कभी खत्म नहीं होती।
- कुछ सपनों के मर जाने से जीवन खत्म नहीं हो जाता।
- सिर्फ वही इतिहास महत्वपूर्ण है जो हम आज बनाते हैं।
- सीख यदि भीख में भी मिले तो स्वीकार कर लेनी चाहिए।
- जितने अधिक कानून होंगे उतना अधिक भ्रष्ट राज्य होगा।
- सबसे बड़ी जंग वो होती है जो हमें खुद से लड़नी पड़ती है।
- जिसके सिर पर कोई कर्ज़ नहीं होता वह सबसे मालदार होता है।
- जीवन में सुख और शांति चाहते हो तो दुख आने पर शोक मत मनाओ।
- जो व्यक्ति अपने बारे में नहीं सोच सकता वो दूसरे के बारे में क्या सोचेगा।
- दिल से दूसरों की सेवा करो तो दुआओं के दरवाज़े अपने आप खुल जाते हैं।
- प्रभु मुझे मेरे दोस्तों से बचा कर रखना दुश्मनों से तो मैं खुद ही निपट लूंगा।
- भाषण देने वाला कभी सर्वश्रेष्ठ नहीं होता, भाषण सुनने वाला सर्वश्रेष्ठ होता है।

- जिंदगी की सबसे बड़ी पूंजी जो लॉकर में रखी गई वही नहीं बल्कि इंसानियत है।
- जो लोग अपनी मदद खुद नहीं करते उनकी मदद करना पैसे की बर्बादी होती है।
- केवल धन ही मत कमाओं, थोड़ा सा पुण्य भी कमा लो तो जीवन संपूर्ण हो जाएगा।
- जहाँ भी भोज़न करो उसे प्रसाद समझों, अपने चेहरे पर कड़वे भाव कभी मत लाओं।
- आप इस पृथ्वी के एक मात्र व्यक्ति हैं जो अपनी योग्यता का इस्तेमाल कर सकते हैं।
- जो कोई प्रंशसा की उम्मीद रखता है उसे आलोचना के लिये भी तैयार रहना चाहिए।
- हम पशुओं को बोलना तो नहीं सिखा सकते लेकिन उनसे चुप रहना तो सीख सकते हैं।
- बुजुर्गों के निमित दान और भोजन की व्यवस्था करने वाला भगवान का सबसे प्रिय होता है।
- अपनों से बड़ों की बात मानने में अगर आप देर करते हैं तो आप अपना ही नुकसान करते हैं।
- एक बात सदा याद रखो कि आलोचना सिर्फ उसी की होती है जिसमें कुछ खास गुण होते हैं।
- हमारी घड़ी चाहे कितनी भी कीमती क्यों न हो, मगर वक़्त तो ऊपर वाले के हिसाब से ही चलता है।
- यदि सुख और शांति से जीना चाहते हो तो कुछ लोगों को माफ कर दो और कुछ से माफी मांग लो।
- सामने वाला व्यक्ति चाहे कितना भी समझदार क्यूं न हो हमें अपना दिमाग ही सबसे अधिक अच्छा लगता है।
- आज़ हर कोई मंहगी से मंहगी घड़ी तो हाथ पर बांध लेता है लेकिन दिनचर्या फिर भी बिल्कुल अस्त–व्यस्त रहती है।

- हमारी धरती सर्दी, गर्मी और वर्षा सहन करते हुए यही संदेश देती है कि हर चीज़ को सहन करने का स्वभाव होना चाहिए।
- कुछ लोग हर बात पर दहाड़ते तो शेर की तरह हैं लेकिन मुश्किल घड़ी आते ही गीदड़ की तरह सबसे पहले भाग खड़े होते हैं।
- यदि आपको सांप दिखाई देता है तो उसे तुंरत मार डालों, सापों पर कमेटी बिठाने की कोई जरूरत नहीं होती।
- पुराने जमाने में अक्सर लोग हाथ पर घड़ी नहीं बांधते थे लेकिन इसके बावजूद उनका जीवन समयबद्ध होता था।
- जो सब कुछ जानते हैं वो अक्सर बोलते नहीं और जो कुछ नहीं जानते वो दुनिया का मार्गदर्शन करने में जुटे हुए हैं।
- अगर रिश्तेदार घर पर हो तो सिर्फ उनके अच्छे गुणों के बारे में सोचो नहीं तो उन्हें सहन करना असंभव जो जायेगा।
- समय भी धन की तरह होता है। यह हमारे पास जितना कम होता है, हम इसका इस्तेमाल उतनी ही ज्यादा किफ़ायत से करते हैं।
- इंसान मकान बदलता है, वस्त्र बदलता है, सम्बंध बदलता है, दोस्त बदलता है फिर भी दुखी रहता है क्योंकि वह अपना स्वभाव नहीं बदलता।
- जब तक कौवा और कोयल बोलते नहीं दोनों एक सामान दिखाई देते हैं लेकिन जैसे ही बंसत ऋतु आती है तो कोयल की मधुर आवाज़ से दोनों का अंतर स्पष्ट हो जाता है।
- जिस प्रकार एक बार दूध फट जाये तो लाख कोशिश करने पर भी उस में से मक्खन नहीं निकाला जा सकता, उसी तरह एक बार किसी से बात बिगड़ जाये तो उसे बनाना कठिन होता है।

❑❑❑

55
चिंता की आग

- चिंता आदमी का हर बनता हुआ काम बनाने की बजाए बिगाड़ देती हैं।
- दूसरों के बारे में आप चिंता न करें, आप केवल अपने बारे में चिंता करें।
- दुनिया की चिंता दुनिया वालों पर छोड़ दो आप सिर्फ अपनी चिंता ही करो।
- दुखों को दूर करने का सबसे आसान उपाय है मन से दुखों की चिंता न करना।
- जो व्यक्ति जितना अधिक समझदार होता है, उसकी चिंताएं भी उतनी बड़ी होती हैं।
- अपने दिमाग पर जब हम जरूरत से अधिक चिंता का बोझ डालते हैं तो वो पागल हो जाता है।
- सारे जहां की परेशानियां इक्ट्ठी करके जब भगवान से कुछ न बन सका तो उसने इंसान का दिल बना दिया।
- हम जिन दुखों से चिंतित रहते हैं ऐसे सभी दुख हमारे अपने नहीं बल्कि इधर–उधर से उधार में लिये हुए हैं।
- जीवन में खुशी हो या गम, हमें बहते हुए पानी की तरह चुपचाप सदा अपने लक्ष्य की ओर बढ़ते रहना चाहिये।
- दुख या सुख किसी पर सदा ही नहीं रहते। यह तो पहिऐ के घेरे के समान कभी नीचे, कभी ऊपर होते रहते हैं।

- जो भविष्य था वह अब हो रहा है जो अब हो रहा है वह अतीत बनता जा रहा है तो फिर चिंता किस बात की जाऐं।
- आप किसी समस्या के बारे में कितनी भी चिंता करें, परंतु क्या आपका चिंतित मन उस समस्या का समाधान कर सकता है।
- तनाव या चिंता की स्थिति में घर में सबसे अलग–थलग रहना, किसी से बात न करने से यह और तेज़ी से बढ़ती हैं।
- जीवन में अक्सर चिंता उस समय बढ़ती है जब हम अपनी जिंदगी से अपनी क्षमता से अधिक उम्मीद करने लगते हैं।
- आज के भौतिक युग में हर कोई सुख पाने की चिंता तो करता है लेकिन हम एक बात भूल जाते हैं कि इसके लिये कर्म भी करने पड़ते हैं।
- हमें अपनी इच्छाओं पर नियत्रण रखना चाहिए क्योंकि जो कोई इच्छाओं पर काबू रखना नहीं जानते वो अक्सर अपना जीवन चिंता में ही गुज़ारते हैं।
- हमें मौत की कभी चिंता नहीं करनी चाहिए क्योंकि हर कोई जानता है कि एक न एक दिन हमारा शरीर मुट्ठी भर भस्म के रूप में बदल जाने वाला है।
- थोड़ी बहुत चिंता तो मन पर बोझ होती है लेकिन यही चिंता जब जरूरत से अधिक बढ़ जाये तो हमें अंदर ही अंदर जला कर नष्ट करने लगती है।
- चिंता के सामान शरीर का नाश करने वाला और कोई नहीं होता, जो ईश्वर पर जरा सा भी विश्वास रखते हैं उन्हें किसी किस्म की चिंता नहीं सताती।
- हम चाहे जितनी भी चिंता कर ले अपनी की हुई गलतियों को नहीं सुधार सकते और न ही केवल चिंता करने से हमारा भविष्य उज्जवल बन सकता है।

- यदि हमें कोई काम करना नहीं आता तो चिंता की कोई बात नहीं लेकिन यदि हम उस काम को सीखना भी नहीं चाहते तो यह जरूर चिंता का विषय है।
- अगर किसी चिंता के चलते आपको नींद न आऐं तो उठ कर कुछ अच्छा काम करना चाहिए क्योंकि फालतू की चिंता तो सिर्फ हमारा नुकसान ही करती हैं।
- हम यदि अच्छी पढ़ाई–लिखाई करके भी फालतू की चिंता में डूबे रहते हैं तो इसके मायने यह हुए कि हमने अपने ज्ञान का सही ढंग से इस्तेमाल करना सीखा ही नहीं।
- व्यापार में यदि कभी नुकसान हो जाये तो चिंता मत करना क्योंकि यदि यह धन हमारा होता तो जाता ही नहीं अगर चला गया है तो इसके मायने यह हमारा था ही नहीं।
- किसी भी प्रकार की चिंता के प्रति हमारे नज़रिये की बहुत महत्वपूर्ण भूमिका होती है, यदि हमारा रवैया सकारात्मक हो तो हम बड़ी ही बुद्धिमानी और आसानी से इसको सुलझा सकते हैं।
- आप सदा सिर्फ अपनी चिंता करें क्योंकि दुनिया की चिंता करने के लिये तो दुनिया भरी पड़ी हैं। तुम्हारी परेशानी के समय में तम्हारे सिवाए दूसरा चिंता करने वाला कोई नहीं मिलेगा।
- नेकी करने वाले को सदा नेकी ही मिलती है। यदि किसी को नेकी के बदले नेकी नहीं मिली तो यह समझ जाना चाहिए कि अभी तो पिछला हिसाब हुआ है। इस नेकी का नतीजा हमें आगे अवश्य ही मिलेगा।
- हमें कभी भी इस बात की चिंता नहीं करनी चाहिए कि हमारे बाद हमारे घर–बाहर और व्यापार को कौन संभालेगा। हमें तो सिर्फ यह सोचने की जरूरत है कि हमारी दुर्गति के समय हमारा कौन ख्याल करेगा।

❑❑❑

56
गिले-शिकवे

- किसी के दिल में जगह पा लेना ही सच्चा प्यार कहलाता है।
- इंसान अपना अपमान माफ़ तो कर सकता है लेकिन कभी भूल नहीं सकता।
- गिले–शिकवे, शिकायतें अक्सर एक दूसरे के दिलों में दरार पैदा कर देते हैं।
- हम दूसरों में हज़ारों कमियाँ तो ऐसे निकालते हैं जैसे की हम फरिश्ते हों।
- आईना तो चेहरे के दाग़ दिखाता ही है, जिसे बुरा लगे वो सामने से हट जायें।
- किसी का किया एहसान कभी मत भूलो अपना किया हुआ एहसान कभी याद मत रखो।
- यदि कोई अप्रसन्न है तो वह उसी का दोष है, क्योंकि प्रकृति ने सभी को प्रसन्न बनाया है।
- समय पाकर इंसान अपने घाव को तो भूल जाता है, परंतु घाव देने वाले को कभी नहीं भूलता।
- सच्चाई बोलने के लिये कोई तैयारी नहीं करनी पड़ती क्योंकि सच हमेशा दिल से निकलता है।
- किसी दूसरे को गलत कहना कितना आसान है, जबकि अपनी गलती मानना सबसे मुश्किल लगता है।

- अपने बारे में कभी भी बुरा मत सोचो क्योंकि आपका बुरा सोचने के लिये दुनिया में बहुत सारे लोग हैं।
- जो लोग दूसरों की आखों में आंसू भरते हैं उन्हें यह नहीं भूलना चाहिए कि उनके पास भी दो आखें हैं।
- जो खो गया या जो कुछ हम नहीं पा सकें उसके लिये जिंदगी भर शिकवा–शिकायत करना उचित नहीं है।
- अपनी गलतियों पर हम बहुत अच्छे वकील हैं और दूसरों की गलतियों पर हम सबसे बड़े जज़ बन जाते हैं।
- जो नहीं मिल सका उस पर दुख करने की बजाए उसे प्राप्त करने के लिए दोबारा प्रयास करना ही जीवन है।
- अगर आप ने किसी की मुश्किल समय में मदद की है तो उसे जताओ नहीं वरना किया हुआ सब बेकार जाएगा।
- इंसान कभी भी हिम्मत नहीं हारता परंतु वो उस समय टूट जाता है जब उसके अपने उसका साथ छोड़ जाते हैं।
- आजकल आप चाहे दिल को कितना भी अच्छा बना लो लेकिन जमाना कीमत चेहरे की लगाता है दिल की नहीं।
- रिश्तों की दलदल से जब भी बाहर आओगे हर बार किसी गैर को नहीं बल्कि किसी अपने करीबी को ही पाओगे।
- उपलब्धियां और आलोचनाएं एक दूसरे के साथ चलती है। उपलब्धियां बढ़ेगी तो पक्के तौर आपकी आलोचनाएं भी बढ़ेगी।
- अपने बारे में कभी बुरा मत सोचो क्योंकि इस काम के लिये भगवान ने हमारे दोस्तों और करीबी लोगों को ठेका दिया हुआ है।
- किसी का नुकसान होते देख कर हमें कभी भी खुश नहीं होना चाहिए क्योंकि न जाने कल को हमारे साथ क्या होने वाला है।

- कई बार हम सामने वाले को अपना समझ कर दिल का दुखड़ा सुनाते हैं लेकिन असल में वो हमारे दुख से प्रसन्न हो रहा होता है।
- जीवन में ऊपर उठते समय सभी लोगों से अदब से पेश आएं क्योंकि नीचे गिरते समय आपका सामना दोबारा इन्हीं लोगों से होगा।
- जो व्यक्ति हमेशा दूसरों की निंदा करता है उससे दूर रहने में ही भलाई है, क्योंकि एक ना एक दिन वह तुम्हारी भी निंदा जरूर करेगा।
- जो कोई दोस्त हमारे सामने बदतमीजी करते हैं उनसे अधिक उन दोस्तों से सावधान रहना चाहिए जो हमारी पीठ पीछे हमारा मज़ाक उड़ाते हैं।
- इंसान खुद विफल होता है और विवाह–शादी को विफल बताता है जबकि विवाह तो केवल व्यक्ति को उस के वास्तविक रूप में प्रकट कर देता है।
- कोई कितना भी बड़ा बादशाह क्यूं न हो लेकिन हमें यह नहीं भूलना चाहिए कि जो कुछ भी हमारे पास है वो एक न एक दिन अवश्य नाश हो जायेगा।
- लोग अक्सर यह शिकायत करते हैं कि भगवान उनकी बात नहीं सुनता। क्या हमने कभी इस बात पर गौर किया है कि इंसान भी इंसान की बात कहाँ सुनता है।
- लोगों के लिए आप तब तक अच्छे हो जब तक आप उनकी उम्मीदों को पूरा करते हो, और आपके लिए तब तक सब लोग अच्छे हैं जब तक आप उनसे कोई उम्मीद न रखों।

❑❑❑

57

आत्मा-परमात्मा

- आत्मा से महान कुछ नहीं होता।
- भगवान ज्ञान से नहीं प्रेम भाव से मिलते हैं।
- भगवान का नाम और रूप दोनों ही मंगलमय है।
- प्रार्थना में शब्दों का नहीं भावों का महत्व होता है।
- ईश्वर को पाने के लिये सबसे पहले ज्ञान का पाना जरूरी है।
- जो खुदा से जुदा हो जाता है वो बहुत जल्द तबाह हो जाता है।
- जहाँ आत्मा की बात होगी वहा परमात्मा का जिक्र भी जरूर होगा।
- धार्मिक होने के लिये कभी भी बुढापे का इंतजार नहीं करना चाहिए।
- जिंदगी में शिकायतें करने की बजाए उनसे समझौता करना बेहतर होता है।
- विषयों का चिंतन न कर केवल प्रभु का सुमिरन करें और उन्हीं का चिंतन करें।
- भगवान को किसी भी रूप में याद करो वो सदैव आपकी दुआ कबूल करता है।
- इस दुनिया में याद रखने वाली केवल एक ही चीज़ है और वो है प्रभु का नाम।

- असल ज्ञानी वही है जिसने आत्मा और परमात्मा के रिश्ते को अच्छे से जान लिया हो।
- जो मनुष्य सच्चे मन से प्रभु का ज्ञान अपना लेता है वह परमात्मा का ही स्वरूप बन जाता है।
- अग्नि परीक्षाओं से केवल उन्हें ही गुजरना पड़ता है जिन्हें भगवान सच्चे मन से प्यार करते हैं।
- विज्ञान चाहे कितनी भी तरक्की कर ले, परंतु प्रभु के आशीर्वाद के बिना सफलता संभव नहीं है।
- असली साधू–संतों की पहचान यही होती है कि वह शैतान को इंसान और इंसान को भगवान बना सकते हैं।
- इतिहास साक्षी है कि जब–जब भी भगवान इस धरती पर मनुष्य के रूप में आए हैं उनके साथ राक्षस भी आते रहे हैं।
- यह सच है कि उज़ाले के आते ही अंधकार भाग जाता है लेकिन उज़ाले के आने के लिये रास्ता तो हमें खुद ही बनाना पड़ता है।
- आज तक कभी भी किसी ने भगवान से यह नहीं मांगा कि हमें वो रास्ता दिखा दे जो सिर्फ तेरी ओर जाता हो।
- यदि हम प्रभु को दिल से मानते हैं तो हमें इंसान की बनाई मूर्ति की बजाए भगवान की बनाई मूर्ति इंसान की सेवा करनी चाहिए।
- प्रभु से सुख–सुविधाओं की कामना करना कोई बुरी बात नहीं है लेकिन इसी के साथ अच्छे इंसान बनने की प्रार्थना भी करनी चाहिए।
- पैसों से भगवान नहीं केवल भगवान की तस्वीर खरीदी जा सकती हैं, भगवान को तो केवल सेवा और त्याग से ही पाया जा सकता है।

- संसार में आए हैं तो खुशी–खुशी हर किसी को जीने का हक है लेकिन साधू–संत कहते हैं कि इसकी दलदल में कभी नहीं फंसना चाहिए।
- हम सभी जानते हैं कि ईश्वर हमारे हर कर्म को देख रहा है फिर भी ऐसा कुछ कार्य क्यूं नहीं करते जिससे की वो भी खुश हो और हम भी।
- जब प्रभु ने हमें जोश, होश और ताकत सब कुछ दिया है तो फिर खाली बैठ कर समय बर्बाद करना मूर्खता से बढ़ कर कुछ नहीं हो सकता।
- भगवान दुनियां की सभी भाषाओं के साथ जानवरों तक की भाषा को भी समझ लेते हैं वो तो मन के भावों को भी आसानी से समझ लेते हैं।
- हमें कभी भी भगवान द्वारा बनाई हुई व्यवस्था को बदलने की कोशिश नहीं करनी चाहिए क्योंकि हमारे में इतनी ताकत है नहीं कि हम उसे बदल सकें।
- इंसान और देवता में सिर्फ इतना फर्क है कि इंसान किसी को कुछ देना नहीं जानता। यदि किसी को कुछ देता भी है तो पहले यह उम्मीद करता है कि उसे वापिसी में क्या मिलेगा?
- आत्मा परमात्मा का ही एक अंश रूपी उपहार है। इसलिये जिंदगी को काटने की बजाए खुशी से जीना सीखो क्योंकि जिसको जीने का रहस्य समझ आ गया वह जीवन में सफल हो जाता है।
- आत्मा और परमात्मा एक हैं या अलग–अलग। इस बारे में महापुरुष लोगों ने विचार करके यही निष्कर्ष निकाला है कि समझ–समझ कर अभी तो इतना ही समझ आया है कि हम इस बारे में अभी कुछ नहीं समझ सकते।

❑❑❑

58
भक्ति की शक्ति

- धर्म के लिये मंदिर नहीं घर को ही मंदिर बनाएं।
- बिना श्रद्धा के कोई भी पूजा, प्रार्थना कभी भी सफल नहीं होती।
- भक्ति में जीवन की दशा और दिशा बदलने की ताकत होती है।
- जीवन में पूजा का फल भी तभी मिलता है, अगर दिल साफ हो।
- पूजा का सही फल पाने के लिये उसे आदत नहीं अपना स्वभाव बनाएं।
- प्रभु प्रेम ऐसा अमृत का प्याला है जिसे जो कोई पी ले वो अमर हो जाता है।
- पूजा–पाठ, इबादत का आनंद तभी मिलता है जब आपका मन आपके साथ हो।
- जो दूसरों की जरूरत पर मदद करता है भगवान की नजर में यह सबसे बड़ी पूजा है।
- प्रभु को पाने का सबसे आसान तरीका है कि उस द्वारा रचित हर चीज को प्यार करो।
- यदि हम कभी किसी का कुछ नहीं बिगाड़ते तो परमात्मा हमारा कुछ नहीं बिगड़ने देते।

- अपनी सारी आशायें भगवान पर छोड़ दें, तब किसी भी व्यक्ति से कोई निराशा नहीं होगी।
- जो कोई सच्चे मन से भगवान को प्यार करते हैं वो उनका कभी भी कुछ बुरा नहीं होने देता।
- भगवान यदि हमें कभी दर्द देता है तो उसका मुकाबला करने के लिये हिम्मत भी साथ देता है।
- सभी प्राणियों में भगवान है इसीलिए जहां तक बनें तन–मन–धन से सबकी यथा योग्य सेवा करें।
- यदि पूजा का पूर्ण रूप से फल पाना चाहते हो तो उसके हर कर्म पर अमल करना भी जरूरी है।
- चाहे गुरू हो या ईश्वर, श्रद्धा अवश्य रखनी चाहिए, क्योंकि बिना श्रद्धा के सभी बातें व्यर्थ होती हैं।
- भगवान तो दिन रात अपनी कृपा की बरखा करते हैं वो कभी भी अपने भगत को निराश नहीं करते।
- प्रभु की याद में जब आखों से आसूं गिरते हैं तो वो केवल खारा पानी ही नहीं बल्कि मोती बन जाते हैं।
- इधर–उधर दिल लगाने की बजाए यदि हम प्रभू के साथ दिल लगाएं तो ही सच्चे आंनद की अनूभूति होती है।
- अपनी इच्छाओं और मुरादों को पूरा करने के लिये मंदिर, गुरूद्वारों में माथा रगड़ने को भक्ति नहीं कहा जा सकता।
- परिवार के प्रति तो हर किसी के दिल में प्यार होता है लेकिन हर दिल में परमात्मा के लिये तड़प न जानें क्यूं नहीं पैदा होती।
- जब हम परमात्मा की शक्ति में विश्वास करने लगते हैं तो हमें उसकी बनाई हुई हर एक छोटी सी चीज़ भी चमत्कार लगने लगती हैं।
- साधू–संत, भक्त तो अक्सर समाज में देखने को मिल जाते हैं लेकिन परमात्मा के अवतार को देखने के लिये हज़ारों साल का इंतजार करना पड़ता है।

- इंसान कहता है कि भगवान, तू मेरी दुआ उसी वक्त क्यूं नहीं सुनता, भगवान ने मुस्कुरा कर कहा कि मैं तेरे गुनाहों की सज़ा भी तो उसी वक्त नहीं देता।
- जिस प्रकार शारीरिक जीवन के लिये खाना, पीना, सोना हमारे लिए आवश्यक है उसी तरह आत्मा की खुराक को पूरा करने के लिये प्रभु का नाम जरूरी है।
- प्रभू को मानने में न तो आपकी धन–दौलत और न ही आपके बाल–बच्चे मदद कर सकते हैं। प्रभु को पाने के लिये आपको खुद ही अपनी राह बनानी पड़ती है।
- हम अक्सर यह भूल करते है कि शायद परमात्मा भी हमारी तरह कोई इंसान है जबकि असलियत यह है कि परमात्मा एक शक्ति का नाम है किसी व्यक्ति का नहीं।
- किसी व्यक्ति ने भगवान से प्रार्थना की कि मैं शांति के साथ रहना चाहता हूँ। भगवान ने उससे कहा कि अपनी इस मैं को छोड़ दे शांति तेरे पास खुद ही आ जायेगी।
- जिस तरह पौधे की जड़ को पानी देने से उसके फूल और पत्तियों को पानी मिल जाता है ठीक उसी प्रकार प्रभु का नाम सिमरन करने से हमारे मन की हर इच्छा पूरी हो जाती है।
- कोई माने या न माने प्रभु सदा हमारे अंग–संग रहते हैं। यदि फिर भी विश्वास न हो तो एक बार मुश्किल घड़ी में उसे सच्चे दिल से याद करके देखो आपकी हर कठिनाई चुटकियों में गायब हो जायेगी।
- जिस दिन आप अपने अंदर की शक्तियों को जागृत करने में सफल हो जाते हैं, उसी दिन से आप ईश्वर के करीब हो जाते हैं। ईश्वर के करीब आते ही दुनियां के पदार्थ स्वयं आपकी और आकर्षित होने लगते हैं। यह सारा खेल आपसी आकर्षण का ही है।

❑❑❑

59
धर्म-कर्म

- मानव सेवा ही सबसे बड़ा धर्म है।
- बिना सच्ची श्रद्धा के बाकी सभी कर्म व्यर्थ होते हैं।
- भगवान को तर्क से नहीं श्रद्धा से समझा जा सकता है।
- परमात्मा से प्रेम करना समस्त मानव जाति से प्रेम करना है।
- जब प्रभु मन में बस जाते हैं तो मन ही मंदिर बन जाता है।
- भगवान द्वारा किया हुआ प्रत्येक कार्य हमारे हित में होता है।
- धर्म के राह पर चलने से हर प्रकार के संकट दूर हो जाते हैं।
- हमें अपने गलत कर्मों के लिये भगवान को दोष नहीं देना चाहिये।
- जो हाथ सेवा के लिये उठते हैं वो पूजा–पाठ से बढ़ कर महान होते हैं।
- श्रद्धा से ही भगवान मिलता है, नम्रता मान देती है, योग्यता स्थान देती है।
- भगवान के प्रति सच्ची श्रद्धा यही है कि हर प्राणी में उसके दर्शन किये जायें।

- भगवान से प्रेम करने वालों को भगवान खुद हर कष्ट से बचाने के लिए आ जाते हैं।
- अच्छे सत्संग से ही इंसान महान बनता है। सत्संग से ही सुख और चैन मिल सकता है।
- परमात्मा न तो देने का हिसाब–किताब रखता है और न ही देने के बाद हिसाब मांगता है।
- इधर भी ईश्वर, उधर भी ईश्वर सच्चे मन से देखो तो आपको हर तरफ नजर आयेगा ईश्वर।
- जब भी कोई कर्म करो पूरी श्रद्धा के साथ करो वरना वो सिर्फ कर्मकांड बन कर रह जायेगा।
- धर्म और कर्म की परीक्षा के दौरान घबराने वाले कामयाबी की बजाए पतन की ओर बढ़ जाते हैं।
- जिस तरह पानी और पानी का बुलबुला एक ही चीज है उसी तरह आत्मा और परमात्मा भी एक ही हैं।
- संतों के मन में किसी खास जाति या व्यक्ति के लिये नहीं बल्कि सभी लोगों के हित की बात रहती है।
- साधू–संतों के विचारों को यदि कर्म में ढाल लिया जाये तो मन दुनियां की बातों से विचलित नहीं होता।
- मानव जीवन ही एक मात्र ऐसा है जिसमें मनुष्य दुनियां के सभी सुख भोगते हुए भी परमात्मा को पा सकता है।
- भगवान ने आपको सुंदर शरीर और बुद्धि दी है इसको सफल बनाने के लिये समय–समय पर जरूरतमंदों की मदद करते रहना चाहिये।
- भगवान का जप करने वाले कभी कोई बुरा काम कर ही नहीं सकते क्योंकि उनकी आखें, जीभ मन सभी कुछ भगवान का नाम लेने में व्यस्त होते हैं।
- हमारा मन बहुत ही चंचल है इसे एकाग्रह किये बिना आप न तो किसी कार्य में सफलता पा सकते हैं और न ही ईश्वर के करीब पहुँच सकते हैं।

- हम चाहें कितना भी कर्म कांड क्यूं न कर ले परंतु जब तक हमारे मन में पूर्ण रूप से श्रद्धा पैदा नहीं होती उस समय तक हम परमात्मा की कृपा नहीं पा सकते।
- परमशक्ति भगवान के अनेक नाम और रूप हैं। परंतु हम केवल उसी पर विश्वास करते हैं जो हमें दिखाई देता है इससे आगे हम देखने का प्रयास ही नहीं करते।
- दुनियां में केवल ईश्वर ही ऐसा है जो हमेशा हमारे साथ रहता है और हम उसके साथ रहते हैं। इसलिये किसी को सच्चे दिल से मानना है तो भगवान को ही मानें।
- संसार भी यही है, भगवान भी यही है। संसार को पाने के लिये संसार की यात्रा करनी पड़ती है जबकि भगवान को जानने और पाने के लिये मन की गहराई में उतरना पड़ता है।
- ज्ञानी लोग न तो आँधियों और तूफान से डरते हैं, न ही वो छोटी–छोटी बातों से डर कर मंदिर, मस्जिद में भटकते हैं क्योंकि वो जानते हैं कि भगवान तो हर इंसान के अंदर ही रहता है।
- भगवान का सच्चा भगत उसी को कहा जा सकता है जो अपने लिये कभी कुछ नहीं मांगता। सच्चा भगत दुनिवाई वस्तुओं को मांगने की बजाए भगवान से केवल भगवान को ही मांगता है।
- आज का इंसान एक तरफ तो इतना डरपोक होता जा रहा है कि छोटी–छोटी बातों से घबरा कर खुदकशी तक करने लगा है दूसरी खुद को इतना ताकतवर समझने लगा है कि भगवान से भी नहीं डरता।

❑❑❑

60
संगत की रंगत

- संगत से ईश्वर के प्रति श्रद्धा जल्द उत्पन्न होती है।
- कुसंगति अच्छे से अच्छे चरित्र को भी बिगाड़ देती है।
- जो समय को बर्बाद करता है वह तिल–तिल मरता रहता है।
- जब यह आपका अपना जीवन है तो आप इसको अपने ढंग से क्यूं नहीं जीते?
- विचारवान व्यक्तियों का मुट्ठी भर समूह सारी दुनियां में उलट–पलट कर सकता है।
- हमारे जैसे विचार होगे, हम जैसा चिंतन करेंगे हमारा स्वभाव वैसा ही बन जायेगा।
- जो कमज़ोर लोगों से दूर रहते हैं वो अपने हर सपने को हकीकत में बदल लेते हैं।
- यादें और वादे में सिर्फ फर्क है इतना, यादें हमें तोड़ देती हैं और वादे हम तोड़ देते हैं।
- सपनों को सच करने का सबसे अच्छा तरीका एक ही है कि गलत संगत से सदा दूर रहो।
- सपनों को साकार करने के लिये समझदार लोगों के साथ चाल मिला कर चलना पड़ता है।
- अपने वर्तमान को लेकर हमेशा विलाप करते रहना ही सबसे बड़ी निर्धनता और मज़बूरी है।

- दुनिया में कुछ खास केवल वही लोग कर सकते हैं जो महान लोगों का अनुसरण करते हैं।
- अच्छी संगत रखने से आपकी पहचान एक अच्छे आदमी की बनती है लिहाजा कुसंगत से दूर रहें।
- इस दुनिया में हमें कोई भी खुशी नहीं दे सकता क्योंकि खुशी केवल हमारे भीतर से ही आती है।
- हम जिस प्रकार के वातावरण में रहते है उसका प्रभाव हमारे मन और संस्कारों पर जरूर पड़ता है।
- अपनी कमजोरियों को दूर करने का पहला कदम है कि अपने अंदर की कमजोरियों की पहचान करें।
- दूसरों के बारे में जरूरत से अधिक सोचने से हम अपना समय और जीवन ही बेकार में बर्बाद करते हैं।
- अगर संगत से ही तमाम खूबियां आ जाती हैं तो गन्ने के साथ उगने वाले पौधों में रस क्यूं नहीं होता।
- कोई भी कार्य संभव नहीं है, श्रम करना पड़ता है और फल प्राप्ति के लिये थोड़ा धीरज़ रखना पड़ता है।
- बड़े लोगों की तरह बड़े ख्वाब देखना अच्छी बात है क्योंकि इसी से आगे बढ़ने का जोश और राह मिलती हैं।
- छोटी और तंग सोच हमारी जिंदगी को तंग गली में बदल देती है जिसमें आने वाले हर इंसान का दम घुटता है।
- कुसंगित कोयले की तरह होती है यदि कोयला गर्म होगा तो हाथ जलायेगा यदि ठंडा होगा तो हाथ काले करेगा।
- जीवन सदा इस तरह से जीना चाहिए कि अगर कोई तुम्हारे बारे में बुरा भी कहे तो भी उस पर कोई विश्वास न करें।
- सेवा करने की शिक़्क्षा सूर्य से लेनी चाहिए जो हमेशा नित्य प्रतिदिन संसार को रोशन करने के लिए प्रकट हो जाता है।
- हम इस दुनिया से वही अपने साथ वापिस ले कर जाते हैं जो हम अपने साथ लाये थे बाकि सब कुछ तो यहीं रहेगा।

- केवल बड़े सपने देखने से मदद नहीं मिलती बल्कि इसी के साथ कड़ी मेहनत करने से ही सपने हकीकत बन पाते हैं।
- संगत और कुसंगत का बहुत फर्क पड़ता है गंगाजल हर गंदगी को पवित्र करता है तो वही गंदगी अच्छी चीज को भी बुरा बना देती है।
- अच्छी संगत जहां मनुष्य को हर कठिन हालात में संभलने और मुकाबला करने में सहयोग देते हैं वही बुरी संगत इंसान के पतन का कारण बनती है।
- हमारी हर बात खास होती है क्योंकि इन्हीं बातों से प्रभावित होकर कुछ लोग बदल जाते हैं और कुछ लोगों से मिलकर हमारी जिंदगी बदल जाती हैं।
- हर व्यक्ति अंदर से स्वार्थी होता है हमें इस बात को अच्छे से समझ लेना चाहिए, अन्यथा हम पूरी जिंदगी लोगों पर स्वार्थी होने को इल्जाम लगाते रहेंगे।
- जहां तक हो सके अच्छे लोगों की संगत करते रहना चाहिये क्योंकि संगत का असर न सिर्फ हमारे खान–पान पर परंतु नम्रता और साहस पर भी पड़ता है।
- जिस प्रकार जहरीला सांप चाहे कितनी देर चंदन के पेड़ से लिपटा रहे पर उस पर कोई जहरीला प्रभाव नहीं पड़ता ठीक उसी तरह अच्छे संस्कारों और स्वभाव के मनुष्यों पर बुरी संगति का कोई असर नहीं पड़ता।
- संगत का असर इतना जबरदस्त होता है कि सामने वाला भी उसी रंग में रंग जाता है। जिस प्रकार एक लोहे के चिमटे को थोड़ी देर आग में डाल दिया जाये तो कुछ ही देर में वो चिमटा भी आग का गोला बन जाता है। आग की तरह वो भी दूसरों को जलाने लगता है।

❑❑❑

61
अच्छे संस्कार

- जिंदगी का सबसे बड़ा सुख निरोगी काया ही है।
- ज्यादा बोलने से आपका महत्व कम हो सकता है।
- कम बोलना, ज्यादा बोलने से अधिक शक्तिशाली होता है।
- बच्चों को सुबह उठते ही राम–राम कहना, संस्कारों को जन्म देना है।
- इंसान के मन को सबसे अधिक तृष्णा, लोभ, लालच ही अशांत करते हैं।
- संस्कारी लोग क्रोध, घाव, आग और कर्ज को कभी भी कम नहीं आंकते।
- बुरे शब्द किसी को शारीरिक चोट नहीं पहुंचाते पर दिल को तोड़ देते हैं।
- दुनिया में आलोचना सिर्फ उसी की होती है जिसमें कोई दम–खम होता है।
- पैसे को प्यार कीजिए, लेकिन ईमानदारी से जो कमाया गया हो उसे गंवाइऐं नहीं।
- यदि हम किसी को कुछ अच्छा नहीं कह सकते तो चुप रहना एक बेहतर विकल्प है।
- प्रकृति के प्रकोप से बचने का एक मात्र उपाय यही है कि हम इससे छेड़छाड़ न करें।

- हर व्यक्ति अपनी गलतियों से सीख कर भावी पीढ़ियों का जीवन रोशन कर सकता है।
- बाहरी दुनिया में खोज़ करने से पहले जरूरत है कि हम अपने भीतर गहरी खोज़ करें।
- किसी के काम जो आए उसे इन्सान कहते हैं, पराया दर्द अपनाये उसे भगवान कहते हैं।
- हमारे स्वभाव को स्पष्ट करने के लिये हमारी वाणी ही काफी होती है हमारा रंग–रूप नहीं।
- त्याग नहीं त्याग की भावना रखनी चाहिए ताकि प्रेम और सेवा से सबका मन जीता जा सके।
- गलत तरीके से कमाया हुआ पैसा हमें सुख देने की बजाए सदा दुख का ही कारण बनता है।
- जीवन में चाहें कितनी भी धन–दौलत कमाओं परंतु कभी भी अपनी सेहत दांव पर मत लगाना।
- संस्कार किसी किताब में पढ़ने से नहीं मिलते बल्कि बुजुर्गों की सेवा से खुद ही मिल जाते हैं।
- बुजुर्गों की अगर सेवा कर दी जाती है तो यूं समझों कि आप एक तीर्थ का पुण्य कमा रहे हो।
- हमें सिर्फ अपनों के लिये नहीं बल्कि उनके लिये भी कुछ करना चाहिये जिनका कोई नहीं होता।
- कभी भी बातों से जिंदगी में बदलाव नहीं आता उसके लिये तो ठोस इरादों की जरूरत होती है।
- साधु–संत तो उस मील के पत्थर की तरह होते हैं जो हमें हमारी मंजिल की सही दूरी बताते हैं।
- सच्चाई की राह पर चलने वाले अक्सर धीरे–धीरे चलते हैं क्योंकि उन्हें रोकने वाले बहुत आ जाते हैं।
- घर में कोई बुजुर्ग है तो उसे भार की बजाए भाग्य मानिए। बूढ़ा पेड़ फल नहीं देता परंतु छाया तो देता ही है।

- प्रत्येक स्त्री अपने पुत्र को तो श्रवण कुमार बनाना चाहती है लेकिन अपने पति को श्रवण कुमार बनते नहीं देख सकती।
- दया का भाव ही हमें इंसान कहलवाता है इसलिये अपने मन से कभी भी दया करने का भाव खत्म मत होने देना।
- समय बहुत कम है जितना दम है लगा दो, कुछ लोगों को मैं जगाने की कोशिश करता हूँ कुछ लोगों को आप ज़गा दो।
- अच्छी बातें जो सिर्फ हमारे कानों तक रह जाती है और दिल में नहीं उतरती उनका फायदा हम कभी नहीं उठा पाते।
- कोई बड़े से बड़ा ज्योतिषी भी इस बात का दावा नहीं कर सकता कि हमारा भविष्य अतीत या वर्तमान से बेहतर होगा।
- आजकल हम लोग पहले पैसा कमाने के लिये अपनी सेहत बिगाड़ते हैं फिर सेहत सुधारने के लिये पैसा बर्बाद करते हैं।
- हम चाहें अपने दिल के सारे दरवाजें बंद कर दें लेकिन मोहब्बत फिर भी आ ही जाती है क्योंकि कहते हैं कि मोहब्बत अंधी होती है।
- घरों और स्कूल की दीवारों पर अच्छी बातें लिखने की बजाए उन्हें अपने दिल में लिखना चाहिए तभी हमारे स्वभाव में बदलाव आयेगा।
- जीवन मिलना भाग्य की बात है, मृत्यु होना समय की बात है। लेकिन मृत्यु के बाद भी लोगों के दिलों में जीवित रहना यह हमारे कर्मों की बात है।
- किसी दूसरे में कमियाँ निकालना बहुत बुरी बात होती है यदि कमियाँ निकालनी ही है तो सबसे पहले हमें अपने अंदर की कमियों को खत्म करना होगा।
- जिस प्रकार फिल्म में खलनायक न हो तो नायक के व्यक्तित्व में निखार नहीं आता ठीक उसी तरह हमारे जीवन में दो—चार निंदक न हो तो हम हर तरफ से लापरवाह हो जाते हैं।

❑❑❑

62
खुशनसीब इंसान

- सबसे खुशनसीब वह है जिसके द्वार से कोई खाली न जाऐं।
- हमारी अच्छी सोच का तरीका ही हमें खुशनसीब बना देता है।
- एक बार अपनी परेशानियों को भूल कर अपनी खुशियों की गिनती करें।
- थोड़ा सा नम्र स्वभाव और हाथ जोड़ कर जीने वाला सदा सुखी रहता है।
- किसी भी व्यक्ति की पहचान उसके कपड़ों से नहीं उसके चरित्र से होती है।
- प्रसन्नता आपका अनमोल खज़ाना है, उसे छोटी–छोटी बातों पर लुटने मत दो।
- दूसरों में सुधार के उपदेश देने की बजाए पहले खुद में सुधार लाना आवश्यक है।
- हर रंग की खुशबू का आनंद लेना है तो आपको अपनी सोच तो बदलनी ही होगी।
- जीवन में सबसे बड़ा सुख धनवान नहीं बल्कि एक तंदुरूस्त व्यक्ति ही उठा सकता है।
- सीखना बहुत अच्छी बात है परंतु इसे जीवन में उतारकर अमल करना और भी अच्छा है।

- जो कोई समर्पण करना जानता है उस खुशनसीब इंसान के पास खुशियाँ ही खुशियाँ होती हैं।
- जीवन में खुश रहने के लिये हमें दिखावा करने के बजाए अपनी इंन्द्रियों को काबू में रखना जरूरी है।
- दुनिया में सबसे खुशनसीब इंसान वो है जो या तो किसी के दिल में या किसी की दुआओं में रहता है।
- पैसा तो हर कोई कमा लेता है लेकिन खुशनसीब वो लोग होते हैं जो दूसरों के दिल में जगह पा लेते हैं।
- आप चाहों तो अपने चेहरे पर कई नकाब सज़ा लो लेकिन कभी भी अपने अंदर इंसानियत को न मरने देना।
- कुछ लोगों को हम अपनी जिंदगी देकर भी नहीं खरीद सकते क्योंकि ऐसे लोग कीमत से नहीं अच्छी किस्मत से ही मिलते हैं।
- खुद को किसी से कम समझना या खुद को किसी से अधिक समझना दोनों ही भाव हमारे विकास में बाधक होते हैं।
- खुशनसीब वो नहीं जिस का नसीब अच्छा है बल्कि असल खुशनसीब वो होता है जो अपने नसीब से खुश होता है।
- सबसे खुशनसीब वो इंसान नहीं है जिसके पास बहुत कुछ है बल्कि सबसे खुशनसीब तो वो है जिसे और कुछ नहीं चाहिये।
- यदि हमारे सिर पर बुजुर्गों का हाथ हो और अपनों का साथ हो अधिकाशः परेशानियाँ खुद–ब–खुद खत्म हो जाती हैं।
- यदि आप खुद को खुशनसीब महसूस करना चाहते हो तो एक बार उन सभी वस्तुओं की सूची बनाएं जो कुछ आपके पास हैं।
- यदि किसी को हंसने की आदत न हो तो भी हंसने की कोशिश करनी चाहिए, इससे धीरे–धीरे हमारा स्वभाव हंसने वाला बन जायेगा।

- आदमी को चाहिए कि अपनी कमाई और हैसयित के मुताबिक ही अपना जीवन जीये इसी से सन्तुष्टि और सुख की प्राप्ति हो सकती है।
- मनुष्य सुख की खोज में अपने जीवन को अंसतुलित कर लेता है, वो यह नहीं जानता कि सुख का असली आधार तो संतुलित जीवन ही होता है।
- जिंदगी कितनी खुबसूरत है यह देखने के लिए हमें ज्यादा दूर जाने की जरूरत नहीं है, जहाँ हम अपनी आखें खोल लें वही हम इसे देख सकते हैं।
- यदि हम लोगों के बीच अपनी ही बात करते रहेंगे तो हम केवल वही दुहरायेगे जो हम जानते हैं परंतु यदि हमने कुछ नया सीखना है तो दूसरों की बात सुनना भी जरूरी है।
- जो कोई बैठे–बैठे सिर्फ यह सपने देखते हैं कि यह हो जाये, वो मिल जाये या बड़ी–बड़ी कल्पनाए करते है ऐसे लोगों की जब कल्पनाए टूटती हैं तो उन्हें बहुत दुख होता है।
- सपने वो नहीं होते जो रात की नींद में देखे जाऐं, असली सपने तो वो होते हैं जो खुली आँखों से देखे जायें और जिन्हें आप अपनी मेहनत, लगन और हिम्मत से साकार कर सकें।
- हर एक कामयाब आदमी के पीछे एक औरत होती है जो उसे इतना तंग करती है कि वो दुखी होकर अपने काम में इतना व्यस्त हो जाता है कि 'कामयाबी खुद उसके कदम चूमती है'।
- जो कुछ हम दूसरों के साथ करते हैं उसका परिणाम किसी न किसी रूप में हमारे पास जरूर वापिस आ ही जाता है, इसलिये सदा ऐसे कर्म करो जिससे दूसरों को खुशी मिल सके।

- हम सच्चाई के मायने अच्छे से समझते हैं, सच्चाई की राह पर चलने का सदैव दम भरते हैं लेकिन जब सच्चाई के पक्ष में खड़े होने का वक्त आये तो हमें कभी भी अपनी किसी कमज़ोरी की दुहाई देकर पीछे नहीं हटना चाहिए।

❑❑❑

63

गुरू ज्ञान

- गुरू तो गुणों की खान होता है।
- सच्चा गुरू कभी स्वार्थी नहीं होता।
- गुरू बिना ज्ञान नहीं, ज्ञान बिना जीवन नहीं।
- गुरू के साथ से बढ़ कर कोई सुख नहीं होता।
- गुरू ऐसा ज्ञान देता है जो किसी पुस्तक में नहीं मिलता।
- सच्चे गुरू के बिना कोई भी व्यक्ति अनाथ की तरह होता है।
- गुरू ही समझाता है कि जिंदगी सिर्फ सुखों का नाम नहीं है।
- गुरू अपने ज्ञान से ही हमारी अज्ञानता को दूर कर सकता है।
- शिष्य के ज्ञान से गुरू के स्तर का अंदाजा लगाया जा सकता है।
- गुरू हमेशा हमारा मार्गदर्शन करते हैं, इसलिये वह सदैव पूजनीय हैं।
- गुरू के चरणों में बैठ कर मन की हर परेशानी का हल मिल जाता है।
- संसार में ऐसे अपराध कम ही हैं जिन्हें हम चाहें और क्षमा न कर सकें।

- विद्वान लोग इस दुनिया में मेहमान बन कर जीते हैं मालिक बन कर नहीं।
- गुरू हमें ज्ञान देने के साथ–साथ अज्ञानता से भी अवगत कराते हैं।
- जब तक गुरू की कृपा न हो जायें हम अपने लक्ष्य को प्राप्त नहीं कर सकतें।
- हर गुरू पारस के समान होता है वो तो अपने शिष्यों को भी सोना बना देता है।
- लक्ष्मी उसी के लिए वरदान बन कर आती है जो उसे दूसरों के लिए वरदान बनाता है।
- जिसके पास अच्छा गुरू होता है वो एक न एक दिन दूसरों का गुरू बन ही जाता है।
- यदि आप अपने हालात सुधारना चाहते हो तो आज से अलग तरीके से सोचना शुरू कर दो।
- गुरू की महिमा न्यारी है। मां–बाप तो हमें जन्म देते हैं गुरू जीवन जीने की कला सिखाता है।
- असली गुरू वही होता है जो हर प्रकार के ज्ञान को समझ कर अच्छे से दूसरों को समझा सकें।
- गुरू का ज्ञान देने का तरीका ऐसा होना चाहिए कि वो सीधा सुनने वाले के दिल में उतर जायें।
- अवसर की ही कीमत सबसे ज्यादा होती है, जरूरत पड़ने पर एक बूंद पानी भी जीवन दे सकता है।
- गुरू बनने का हक सिर्फ उसी इंसान को है जो दूसरों को अच्छे गुर सिखाने की क्षमता रखता हो।
- पुराने जमाने में हर कोई पहले शिष्य बनना चाहता था आजकल हर कोई पहले गुरू बनना चाहता है।
- हर किसी को अपना आचरण ही अच्छा लगता है लहसुन खाने वाले को लहसुन से कोई दुर्गंध नहीं आती।

- दुनियां में किसी भी व्यक्ति को भ्रम में नहीं रहना चाहिए, बिना गुरू के कोई भी दूसरे किनारे तक नहीं जा सकता है।
- बुराई और भलाई में एक ही फर्क है, बुराई करने वाले को भलाई का और भलाई करने वाले को बुराई का नहीं पता।
- प्रतिभा का अर्थ है बुद्धि में नई कोपलें फूटते रहना। नई कल्पना, नया उत्साह, नई खोज़ और नई स्फूर्ति के लक्षण हैं।
- अच्छे गुरू के बिना जीवन शुरू ही नहीं हो सकता, गुरू में तो वो ताकत होती है जो एक नर को नारायण बना सकते हैं।
- दुनिया के हर इंसान को एक बात समझ लेनी चाहिए कि बिना गुरू के कोई भी दूसरे किनारे तक नहीं पहुंच सकता।
- अच्छे विचार रखने वाले गुरू दुनिया को बदल सकते हैं। वास्तव में दुनिया जब भी बदली है इन्हीं लोगों के द्वारा ही बदली है।
- यदि हम शांत और विनम्र व्यक्ति से अपनी तुलना करके देखें तो महसूस होगा कि हमारा घमंड निश्चय ही त्यागने लायक है।
- 'गु' मायने अंधकार और 'रू' मायने प्रकाश, जो हमें अंधकार से प्रकाश की ओर ले जाता है वही असली गुरू कहलाने का हकदार होता है।
- आप अपने गुरू पर आखें बंद करके विश्वास कर सकते हो लेकिन उससे पहले यह जांच लेना जरूरी है कि आपके गुरू की आखें बंद न हो।
- गुरू लोग ज्ञान देते समय यही समझाते हैं कि खुद को 'हम' कहने से बचना, सुख को 'गम' कहने से बचना, जो कुछ भी है पास तुम्हारे उसको 'कम' कहने से बचना।

❑❑❑

64
शांत मन

- शांत मन जैसा कोई सुख नहीं होता।
- कोशिश करने वाले सदा विजयी होते हैं।
- बहुत सोच कर और कम बोलने से मन शांत रहता है।
- हमारे व्यवहार से ही लोग हमारे मित्र या शत्रु बनते हैं।
- कहानियां जहाँ खत्म होती हैं जीवन वहीं से शुरू होता है।
- शांत मन के लिये संतुलित दिमाग का होना बहुत जरूरी है।
- हमारी अशांति का मुख्य कारण हमारा अपना अहंकार ही होता है।
- कोई भी मनुष्य अपना स्वामी नहीं बल्कि परिस्थितियों का दास है।
- जो कोई जिंदगी को प्यार करता है, जिंदगी भी उसे प्यार करती है।
- स्वयं को जीतने से बड़ी जीत इस दुनिया में दूसरी कोई नहीं हो सकती।
- मृत्यु हो या कोई शुभ कार्य राम नाम सत्य था, सत्य है और सदा सत्य ही रहेगा।
- खुशी और मन की शांति हमें तभी मिल सकती है जब हम यह पहले दूसरों को दें।

- बिना लिबास आये थे इस जहां में, बस एक कफ़न की खातिर इतना सफ़र करना पड़ा।
- अमोद–प्रमोद के साधन जीवन को आंनद देते हैं परंतु समृद्धि तो संस्कारों से मिलती है।
- सारी दुनिया में जितनी भी हलचल है वो सिर्फ और सिर्फ पैसे और ताकत के कारण है।
- मन को शांत रखने का एक तरीका यह भी है हम अपनी इंद्रियों को वश में रखना सीखें।
- यह केवल प्रेम ही है जिसके हर शब्द में दुखी से दुखी आत्मा को शांत करने का बल है।
- सबसे बड़ी करामात पैसा ही कर सकता है, क्योंकि पैसे से आप कुछ भी खरीद सकते हों।
- हर फूल खुशबू देता है, अगर इंसान चाहे तो वह भी फूल की तरह नेक काम कर सकता है।
- जब तक हमारा मन शांत नहीं होता वो एक विषय से हटते ही दूसरे विषय में उलझ जाता है।
- पति–पत्नी के बीच झगड़ा प्यार की कमी के कारण नहीं बल्कि दोस्ती की कमी के कारण होता है।
- जीवन में कभी भी समय एक जैसा नहीं रहता यह हमें खुशी और दुख के समय याद रखना चाहिये।
- प्रेम–प्यार के बिना जीवन उस वृक्ष की तरह है जिस पर न कोई फूल होता है और न ही कोई फल।
- किसी दूसरे पर क्रोध करने या उसका बुरा करने के विचार को केवल हमारा विवेक ही रोक सकता है।
- धन कमा कर तिजोरी में रखने की व्यवस्था करने से पहले शांति के लिये भगवान से संतोष धन मांगिए।
- घर का एक सदस्य भी यदि गलत राह पर चलने लगे तो सारे परिवार के लिये मुश्किले पैदा हो जाती हैं।

- अपने जीवन में शांति लाने के लिये जितना जल्दी हो सके दूसरों को उनकी गलतियों के लिये क्षमा कर दो।
- हर इंसान सिर्फ पैसे से ही अमीर नहीं होता, असल अमीर तो वो होता है जो दूसरों के गम खरीद सकता है।
- कई बार जो बात बरसों तक हमें समझ नहीं आती मन के शांत होते ही एक इशारे में सब कुछ समझ आ जाता है।
- मन को शांत रखने का सीधा सा उपाय है कि इसे बीती हुई बातों और भविष्य की कल्पनाओं में न भटकने दिया जायें।
- जो कुछ मिल चुका है उसे खुशी से स्वीकार करना चाहिए, जो नहीं मिला उसके लिए सब्र से इंतजार करना चाहिए।
- जिस दिन कोई भी इंसान खुद को जानने का रहस्य जान लेगा उस दिन वो सिर्फ विजेता ही नहीं विश्व विजेता बन जायेगा।
- जिस प्रकार हवा–पानी के बिना जीवन जीना मुश्किल होता है उसी तरह अनुशासन के बिना जीवन में शांति नहीं मिलती।
- शांतमय जीवन ना तो भविष्य में है और ना ही अतीत में है, जीवन तो केवल इस पल में है अर्थात इस पल का अनुभव ही जीवन है।
- मनुष्य को सभी योनियों में सबसे अच्छा गिना जाता है क्योंकि भगवान ने इसे सोचने, समझने के साथ अक्कल और तमीज़ बख्शी है।
- शांति से जीवन जीने के लिये हमे तीन चीज़ें कभी नहीं भूलनी चाहिए, पहली प्रतिज्ञा करके, दूसरा कर्ज़ लेकर और तीसरा विश्वास देकर।
- कब, क्या, क्यूं और कैसे यह कुछ ऐसे अल्फ़ाज है जो हमारे मन को बैचेन करते हैं। यदि इनका हल ढूंढ लिया जाये तो मन सदा शांत रहेगा।

- जिस प्रकार स्वस्थ जीवन जीने के लिये भोजन और पानी की आवश्यकता होती है ठीक उसी प्रकार सुखमय जीवन जीने के लिये प्यार और प्रेरणा की जरूरत होती है।
- शांत रहने के लिये हमें किसी खास जगह जाने की जरूरत नहीं होती हम कहीं भी शांत महसूस कर सकते हैं और कहीं भी परेशानी खड़ी कर सकते हैं यह पूरी तरह से हमारे खुद पर निर्भर करता है।

❑❑❑

65
अहंकार छोड़ो जीवन मोड़ो

- अहंकार हमेशा ही विनाश लाता है।
- खुश रहने के लिये अहंकार छोड़ना जरूरी है।
- कभी भी अपनी श्रेष्ठता का अहंकार नहीं करना चाहिए।
- अहंकार के चलते हमारी सोच नकारात्मक हो जाती है।
- जो व्यक्ति सदा होश में रहता है वो कभी घमंड नहीं करता।
- ज्ञान जितना अधिक होता है अहंकार उतना ही कम होता है।
- आम इंसान में अहंकार के चलते सत्य सुनने की क्षमता नहीं होती।
- अहंकार छोड़े बिना किसी से भी सच्चा प्रेम नहीं किया जा सकता।
- जीवन में अधिकांश गलतियों की वजह हमारा अहंकार ही होता है।
- जो व्यक्ति अहंकार से मुक्त है उसके लिये हर जगह स्वर्ग होती है।
- पैर कभी अहंकार नहीं करते, अहंकार सिर्फ हमारा सिर ही करता है।
- दो चीजें कभी अपने पास न फटकने दो और यह हैं घमंड और झूठ।

- जहाँ अहंकार खत्म होता है वही से असल जिंदगी की शुरूआत होती है।
- अहंकार करने से हम किसी और को नहीं बल्कि खुद को ही धोखा देते हैं।
- गरूर करने से सदा बचना चाहिए क्योंकि यह इंसान को खाक में मिला देता है।
- अहंकार मनुष्य को मनुष्य नहीं रहने देता अतः अहंकार करने से सदा बचना चाहिए।
- हर कोई अपने ज्ञान का अभिमान तो करता है मगर अभिमान के ज्ञान को नहीं समझता।
- मनुष्य खुद को जितना छोटा कहता है असल में उसका अहंकार उतना ही बड़ा होता है।
- अपने मन से अभिमान को मिटा दो फिर आपको हर तरफ आनंद ही आनंद महसूस होगा।
- वीर पुरुष अगर अंहकारी है और विनम्र नहीं है तो उसकी वीरता धरी की धरी रह जाती है।
- जो मनुष्य अंहकारी बना रहता है वह सम्मानित नहीं होगा और अपमान के घूट पीता रहेगा।
- बुढ़ापे में ज्यादा अहंकार करना ठीक नहीं होता, विनम्रता ही वृद्धावस्था का सबसे बड़ा गुण है।
- मन का संतुलन बनाये रखने के लिये अहंकार को खत्म करने के लिये सदा भगवान से प्रार्थना करो।
- अंहकारी लोग दुनिया को बदलना चाहते हैं जबकि बुंद्धिमान लोग खुद को बदलते का प्रयास करते हैं।
- क्या कभी किसी ने कब्र की मिट्टी हाथ में उठा कर सोचा है कि जब लोग मरते हैं तो गुरूर कहा जाता है।
- हमारा घमंड सिर्फ इतना ही दर्शाता है कि हम कितने छोटे हैं और हमारे विचार एवं सोच कितनी छोटी हैं।

- हम जैसे–जैसे अधिक पढ़ाई लिखाई करते जाते हैं हमारा अहंकार बड़े–बड़े पहाड़ों से भी ऊंचा होने लगता है।
- यदि जीवन में सुकून, चैन और आनंद पाना चाहते हो तो अहंकार को त्याग कर सदा नेक इंसानों की संगत करो।
- घमंडी इंसान एक फूले हुए गुब्बारे की तरह होता है, जिसके बाहर भी केवल हवा होती है और अंदर भी केवल हवा।
- जब भी कोई व्यक्ति घमंड करता है उस समय वो न तो किसी का प्रेम पा सकता है न ही किसी को प्रेम कर सकता है।
- अपनी उम्र और पैसे पर कभी घमंड मत करना क्योंकि जो चीजें गिनी जा सकती है वो यकीनन एक दिन खत्म हो जाती हैं।
- अपनी अच्छाई का जितना अहंकार करोगे, उतनी ही बुराई पैदा होगी, इसलिये अच्छे बनों पर अच्छाई का अहंकार कभी मत करो।
- अंहकारी व्यक्ति सिर्फ दूसरों में कमियाँ निकालना जानते हैं जबकि हर बात नकारात्मक नहीं होती। ज्ञानी लोग सकारात्मक भूमिका निभाने में विश्वास रखते हैं।
- हमें अपने सुंदर शरीर पर कभी अहंकार नहीं करना चाहिए क्योंकि जिस दिन यह चिता पर चढ़ गया उस समय कुछ ही देर में राख की ढ़ेरी बन कर रह जायेगा।
- जिंदगी में दो चीजें हमेशा टूटने के लिए होती है। 'सांस और साथ' सांस टूटने से तो इंसान एक ही बार मरता है लेकिन किसी का साथ टूटने से इंसान पल–पल मरता है।
- अक्सर लोग शिकायत करते हैं कि मन का संतुलन नहीं बन पाता। क्या हम ने कभी इस का कारण जानने की कोशिश की है। इस ओर प्रयास करते ही हम पाएंगे कि हमारे अंदर का अहंकार ही इसके लिये दोषी है।

❑❑❑

66
गुलदस्ता

- आज जो कुछ हमें मिल रहा है वो हमारे अपने ही कर्मों का फल है।
- अच्छे भाग्य को यदि ढूंढना है तो वह सिर्फ परिश्रम के साथ ही मिलता है।
- काम कोई भी छोटा–बड़ा नहीं होता सिर्फ हमारी सोच छोटी–बड़ी हो सकती है।
- अपने बारे में जानने के लिये हमें दूसरों की जिंदगी में झांकने की जरूरत नहीं होती।
- कोई मनुष्य उतना ही बूढ़ा या जवान होता है जैसा उसका अनुभव और सोच होती है।
- किसी को कुछ भी कहना तो बहुत आसान है, लेकिन कुछ भी सुनना बहुत मुश्किल होता है।
- परमात्मा किसी की तरफदारी नहीं करता वो तो हर किसी को एक जैसा हुनर देकर भेजता है।
- एक बार रास्ता भटकने से अच्छा है कि दो बार किसी से सही रास्ते के बारे में पूछ लिया जायें।
- यदि सारी दुनिया का दिल जीतना चाहते हो तो सबसे पहले अपने गुस्से का त्याग करना होगा।
- अच्छी बातों को सुनना और पढ़ना तो आसान है परंतु उन पर अमल करना बहुत कठिन होता है।

- जो कोई थोड़ा बहुत झुकना जानते हैं वो हर किसी के साथ बहुत अच्छे से रिश्ते निभा पाता है।
- जिंदगी को बदलने में वक्त नहीं लगता हाँ कभी–कभी वक्त बदलने में सारी जिंदगी लग जाती है।
- हर किसी को अपनी धन–दौलत की चिंता रहती है मगर अपने गुनाहों के बारे में हम कभी नहीं सोचते।
- हम अपने मन को सारी उम्र पाल तो सकते हैं लेकिन उसे अपने मन की इच्छा के विरूद्ध मार नहीं सकते।
- ज्ञान से हम शब्दों को समझ पाते हैं लेकिन बड़े–बुजुर्गों के अनुभव से हम जिंदगी के अर्थ को जान पाते हैं।
- शहरों की हवा में न जानें कितना सीमेंट भर गया है कि यहाँ रहने वालों के दिल भी पत्थर के होते जा रहे हैं।
- जो कोई अपने रहस्यों को अपने नौकरों को प्रकट कर देता है वह अपने नौकर का नौकर बन कर रह जाता है।
- पत्थरों की मूर्तियों को पूज़ना आज हमारी मज़बूरी है क्योंकि विश्वास के लायक कोई भी एक इंसान नहीं मिलता।
- हर कोई अपने आप को सही साबित करने की चिंता में डूबा हुआ है जैसे हमारी जिंदगी, जिंदगी न होकर कोई इल्ज़ाम हो।
- दूसरों की बात जरूर सुननी चाहिए लेकिन इस बात का भी ध्यान रखो कि कहीं आपकी अपनी आवाज़ न खो जायें।
- जो लोग आप से जलते हैं उनसे कभी घृणा न करो क्योंकि यही तो वह लोग हैं, जो यह समझते हैं कि आप उनसे बेहतर कार्य कर रहे हैं।
- हर मां–बाप का यह कर्तव्य बनता है कि वह अपने बच्चों का लालन–पालन इस तरह से करें कि उनकी सोच सदा ही सकारात्मक रहे।

- किसी भी कला को मापने का कोई मापढंड नहीं हो सकता क्योंकि उसे समझने और महसूस करने का नज़रिया हर किसी का अलग होता है।
- प्रसन्न रहने के लिये जैसा आपका दिल करे वैसा ही खाना खाएँ और जीएँ लेकिन पारिवारिक और समाजिक मर्यादाओं का उल्लंघन हरगिज न करें।
- जो कुछ हमारे पास नहीं है उसे पाने की जब लालसा रखने लगते हैं तो जो कुछ हमारे पास होता है हमें उससे मिलने वाली खुशी भी खत्म हो जाती हैं।
- भगवान ने हमारी आखें भी कितनी अज़ीब बनाई है जब रोती हैं तो कई दिलों को हिला देती हैं और जब बंद होती हैं तो हर चाहने वालों को रूला देती हैं।
- जिंदगी में वक्त से ज्यादा अपना या पराया कोई नहीं होता, वक्त अपना होता है तो सब अपने हो जाते है और वक्त पराया होता है तो अपने भी पराये हो जाते हैं।
- जो लोग सुबह–शाम थोड़ी सैर और व्यायम करते हैं उनके जीवन में कोई परेशानी नहीं आती। इस बात की पुष्टि इस कहावत से भी होती कि जीवन चलने का नाम, चलते रहो सुबह शाम।
- मिटट्ी के खिलौने जितनी आसानी से मिल जाते हैं उतनी आसानी से सोना नहीं मिलता, इसी तरह गलत कर्म तो हम आसानी से कर लेते हैं लेकिन नेक कार्यों के लिये काफी परिश्रम करना पड़ता है।
- फौजी जवानों को भी जिंदगी जीने का हुनर आता है लेकिन वो हमारी सुरक्षा के लिये अपनी जान तक कुर्बान कर देते हैं। हम यदि उनके लिये कुछ खास न भी कर पायें तो कम से कम उनकी शहीदी को तो न भूलें।

❑❑❑

67
मंगल विचार

- ज्ञानी लोग सदा ही दिल के साफ़ और दयालु होते हैं।
- प्यार का रिश्ता वह अनमोल रत्न है जिसके बिना हर मनुष्य अधूरा है।
- अच्छे नीतिकार जानते है कि किस समय कौन सी बात बोलनी चाहिए।
- नेक इंसान किसी पराये व्यक्ति का भी सुई जितना भी दर्द नहीं सह पाते।
- नकारात्मक विचारों की धूल किसी को भी अंधा और बहरा बना सकती है।
- किसी भी दूसरे इंसान को गलत बातें सिखाना सबसे बड़ा अपराध होता है।
- नेकी से कमाई हुई धन–दौलत से खरीदा गया अन्न अमृत सामान होता है।
- हंसने वालों के साथ ज़माना हंसता है जबकि रोने वालों से ज़माना दूर भागता है।
- दूसरों को शिक्षा देने से पहले खुद उस पर अमल करने वाला महापुरुष कहलाता है।
- जीवन यात्रा का सार्थक बनाने के लिये ज्ञान और विज्ञान दोनों का ही साहरा चाहिए।

- जो कुछ भविष्य में बनना चाहते हो उस राह पर आज़ से ही चलना शुरू करना होगा।
- हम दूसरों को तभी खुशी दे सकते हैं जब सबसे पहले हम खुद खुश रहना सीख सकें।
- जब किसी गलती के कारण मां अपने बच्चे को पीटती है तो भी वह मां–मां ही पुकारता है।
- जो कुछ भी दे मालिक उसे कर लो कबूल क्योंकि अक्सर कांटों में ही खिलते हैं सुंदर फूल।
- आपसी प्यार की कमी के चलते संसार सूना होने के साथ विनाश की ओर बढ़ता जा रहा है।
- जिसको जितना कम ज्ञान होता है वो उतना ही अधिक दिखावा करने के लिये अधिक बोलता है।
- नेक और अच्छे विचार चाहे कितने भी छोटे क्यूं न हो लेकिन उनका प्रभाव बहुत गहरा होता है।
- जो लोग दुनिया को बदलने का ख्वाब देखते हैं उन्हें सबसे पहले अपनी सोच को बदलना होगा।
- सभी धर्मों के धार्मिक गुरू और ग्रंथ हमें इंसानियत की नेक राह पर चलने के लिये प्रेरित करते हैं।
- संसार में प्यार ही एक मात्र ऐसी भाषा है जिसके द्वारा आप किसी से भी रिश्ता कायम कर सकते हो।
- हम अपने बच्चों से अच्छे संस्कारों की उम्मीद तभी कर सकते हैं जब हमारे अपने पास अच्छे संस्कार हो।
- युग न तो धरती न आसमान के बदलने से बदलते हैं, युग तो सिर्फ हमारे विचारों के बदलाव से बदलते हैं।
- जितना फ़र्क दिन और रात के बीच में होता है उतना ही फ़र्क एक ज्ञानी और अज्ञानी व्यक्ति के बीच होता है।
- जो लोग अपने मां–बाप की तस्वीर हर समय अपने पास रखते हैं प्रभु उनकी तकदीर बहुत जल्द बदल देता है।

- जो कोई पूरी श्रद्धा से अपने गुरू के चरणों में घुटने टेक देता है उसे फिर कभी किसी दूसरे के सामने घुटने नहीं टेकने पड़ते।
- मुसीबत आने पर भाग्य को नहीं कोसना चाहिए बल्कि धीरज़ से एक–एक कदम आगे बढ़ने का यत्न करना चाहिए।
- हमें सदा ऐसे कार्य करने चाहिए जिससे लगे की हमारे अंदर कुछ अंतर आ रहा है और अच्छे कामों से अंतर आता भी है।
- मनुष्य अपनी अज्ञानता के कारण ही कष्ट भोगता है, जब इसे ज्ञान का आभास होता है तो हर दुख से मुक्त हो जाता है।
- छोटी सोच रखने वाले पहले तो खुद ही कांटों के बीज़ बोते हैं फिर जब वो बड़े होने लगते हैं तो उन्हीं कांटों से डरने लगते हैं।
- समय के साथ सब कुछ बदलता रहता है, दोस्त, रिश्तेदार आते जाते रहते हैं लेकिन जिंदगी कभी किसी के लिये नहीं रूकती।
- जिस किसी ने प्यार के रस को एक बार चखा है वो जानता है कि इससे अधिक मीठा अन्य कोई शब्द नहीं हो सकता।
- सच्चा प्यार करने वाले बिना कुछ बोले, बिना कुछ सुने, बिना जाने दूर रह कर भी एक दूसरे के दिल का हाल जान लेते हैं।
- अकेले चलना मुश्किल नहीं होता पर हज़ारों मील किसी के साथ चलने के बाद अकेले वापिस आना बहुत कठिन हो जाता है।
- आज का इंसान सुख पाने के लिये साधनों के पीछे भाग रहा है लेकिन सच्चाई यह है कि आज़ तक साधनों से किसी को सुख नहीं मिला।

- हमारा दिमाग एक नौकर की तरह तो बहुत अच्छा काम करता है लेकिन जब हम उसे मालिक बना देते हैं तो फिर सब कुछ उल्टा–पुल्टा करना शुरू कर देता है।
- यदि आप भी चाहते हैं कि आपके जीवन से अंधकार सदा दूर रहे और आपका जीवन सूरज़ की तरह चमकता रहें तो सदा कोशिश करना की सूरज़ के उगने से पहले उठ जाओं।
- हम सुंदर–सुंदर कपड़े पहन कर अपने छल–कपट को छिपाने की कोशिश करते हैं लेकिन समझदार लोग जानते हैं कि काले तन वाले लोग इतने बुरे नहीं होते जितने की बुरे मन वाले।
- हर दिन सूर्य की किरणें हमारे लिये यह सदेंश लेकर आती हैं कि हम अपना हर कार्य उसी प्रकार नियमानुसार करें जिस प्रकार सूर्य अपनी कर्तव्य हज़ारों लाखों बरसों से निभाता चला आ रहा है।
- जीवन को सुंदर बनाना बहुत आसान है बस उसके लिये मन ऐसा रखों कि किसी को बुरा न लगे, दिल और हमारी जुबान किसी को दुखी न करें और रिश्ता ऐसा रखो कि उसका कभी अंत ना हो।

❑❑❑

68
जीवन की संध्या

- मौत से जीवन का अंत होता है रिश्तों और वासनाओं का नहीं।
- बूढ़ा होना कोई आसान काम नहीं, इसे बड़ी मेहनत से सीखना पड़ता है।
- आज का इंसान अंतिम संस्कार को छोड़ कर सभी संस्कारों को भूल चुका है।
- जीवन की परेशानिया तो तभी खत्म होती हैं जब इंसान की नब्ज़ रूक जाती है।
- जब तक हम जिंदा है, जब तक यह संसार कायम है कोई न कोई तो परेशानी रहेगी ही।
- सारा संसार पल–पल बदल रहा है, हमें भी समयानुसार अपनी सोच बदलते रहना चाहिए।
- बड़े–बुजुर्गों को अच्छे और नेक काम करते देख छोटे बच्चों में भी उत्साह जाग उठता है।
- हर घड़ी हमें बार–बार यही चैताती है कि जिंदगी दो–चार घड़ियों से बढ़ कर कुछ नहीं है।
- बुढ़ापे से कभी डरना नहीं चाहिए क्योंकि जिंदगी के असली मायने बुढ़ापे में ही समझ आते हैं।

- बुढ़ापे में घर छोड़ने की जरूरत नहीं होती केवल अहंकार छोड़ने से ही जीवन आसान बन जाता है।
- जवानी का हर दिन इस तरह से योज़ना बना कर जीओं कि बुढ़ापे में किसी के आगे हाथ न फैलाना पड़े।
- जो लोग ज्ञानवर्दक एवं प्रेरणादायक पुस्तकें पढ़ते हैं उन्हें बुढ़ापे में भी किसी तरह की परेशानी नहीं होती।
- कल किस ने देखा भला, कल का क्या विश्वास, कल–कल करते कई चले गए कल नहीं आया किसी के पास।
- विद्वान लोगों का मानना है कि हमारे लालच और अहंकार की मौत हमारे शरीर की मौत के साथ खत्म नहीं होते।
- हाथ पर चाहे कितनी भी शानदार घड़ी पहन लो वह बंधी की बंधी रह जाती है और जीवन की घड़ी बंद हो जाती है।
- चिंता करने की बजाए हर पल का आंनद लेना सीखों क्योंकि पता नहीं किस वक्त भगवान खाने के लिये अपने पास बुला लें।
- आज क्या ज़माना आ गया है कि लोग सुबह उठते ही घर के बुजुर्गों को धिक्कारते हैं और अपने कुत्तों को पुचकारते हैं।
- जीवन के जितने जरूरी काम हो उन्हें जितनी जल्दी हो सकें पूरे कर लेने चाहिए क्योंकि पता नहीं कल हो या न हो।
- सारी उम्र परिवार के साथ रहने के बाद जब बुढ़ापे में अपने ही साथ छोड़ जाते हैं तो जीवन जीना बहुत कठिन हो जाता है।
- जो लोग जवानी में बिना सोचे समझे कुछ भी खाते रहते हैं उन्हें बुढ़ापे में हर चीज़ बहुत सोच समझ कर खाने को दी जाती हैं।
- अच्छी सेहत बनाएं रखने के लिये कुछ भी खाने से पहले यह जरूर सोचे की कहाँ, कैसे, कब और कितना खाना है?

- जो इंसान अपने सभी कार्य नियमित रूप से खुद करता रहे, भरपूर और पुष्ट भोजन लेता रहे बुढ़ापा उसके नज़दीक आने से भी घबराता है।
- हम सभी योजनाऐं तो ऐसी बनाते हैं जैसे की हमें सदा ही इस संसार में रहना है जबकि असलियत यह है कि हमारे जीने के दिन थोड़े ही होते हैं।
- मौत को आज तक कभी किसी ने देखा नहीं पर यकीनन वो बहुत खूबसूरत होती होगीं क्योंकि जो भी उसे एक बार मिलता है जिंदगी जीना ही छोड़ देता है।
- यदि कोई बूढ़ा न होने की ठान ले तो वो सदा युवा रह सकता है क्योंकि विद्वान लोगों का कहना है कि जैसा हमारा मन होता है वैसा ही हमारा तन बन जाता है।
- किसी के मुश्किल समय में साथ छोड़ने से उसका तो समय किसी तरह से निकल जाता है पर हम अपनी जीवन संध्या में उससे मदद मांगने के हकदार नहीं रहते।
- कुछ लोग बुढ़ापे तक भी कुछ नहीं कर पाते जबकि कुछ लोग जवानी में ही इतना कुछ कर जाते हैं कि बहुत समय तक दुनिया उनको बड़े ही अदब से याद करती है।
- मोहब्बत और मौत दोनों ही बिन बुलाये मेहमान होते हैं कब आ जाये कोई नहीं जानता। लेकिन दोनों का एक ही काम है एक दिल ले जाती है तो दूसरी धड़कन।
- जन्म और मृत्यु हमारे हाथ में नहीं है, लेकिन यदि हम चाहें तो जन्म और मृत्यु के बीच के हर पल को अच्छे ढंग से जी कर हम अपने साथ दूसरों का जीवन भी संवार सकते हैं।
- आज यदि हम इस बात को नहीं समझते कि जिंदगी किसी से नफ़रत करने के लिये या दुखी रहने के लिये बहुत छोटी है, तो कल बुढ़ापे में इसी बात पर पछताने से कोई लाभ नहीं होगा।

- हमें अपने परिवार के साथ किसी भी सफ़र पर जाना हो तो महीनों पहले उसकी तैयारी शुरू कर देते हैं लेकिन जीवन की अंतिम यात्रा जो हमें अकेले ही करनी है उसके बारे में न जाने हम क्यूं नहीं विचार करते।

❑❑❑

69
बदलाव का दौर

- सबसे पहला बदलाव हमारी सोच में होता है।
- केवल मूर्ख और मृत अपनी राय नहीं बदलते।
- बदलाव से तरक्की के नये–नये मौके मिलते हैं।
- अगर तरक्की करनी है तो हमें बदलना ही होगा।
- वो सबसे दुखी लोग होते हैं जो बदलाव से डरते हैं।
- चीज़ें कभी नहीं बदलती इंसान को ही बदलना पड़ता है।
- समय के साथ–साथ नहीं बदलने वाले कभी नहीं बदल पाते।
- किसी भी चीज़ को यदि बेहतर बनाना है तो उसमें बदलाव करना ही होगा।
- सबसे पहले अपने अंदर वो बदलाव करो, जो आप दूसरों में देखना चाहते हो।
- दुनिया तेजी से बदल रही है जो जमाने के साथ नहीं बदलता वो पिछड़ जायेगा।
- जब प्रगति होती है तो परिवर्तन स्वाभाविक है, इसलिए परिवर्तन से कभी न घबराइए।
- कुछ लोगों को बदलाव अच्छा नहीं लगता लेकिन इसके बिना विकास मुमकिन नहीं है।
- जब तक हम परिवर्तन से डरते रहेंगे उस समय तक हम कभी तरक्की नहीं कर सकते।

- समय के साथ–साथ बदलने में ही हमारी भलाई है वरना समय तो हमें बदल ही देगा।
- जिंदगी का भरपूर आनंद लेने के लिये अपने जीवन में छोटे–छोटे बदलाव कर लेने चाहिये।
- जब तक हमारा दृष्टिकोण नहीं बदलता उस समय तक हम कुछ भी बदलाव नहीं कर सकते।
- हमें जीवन में कई बार रास्ते बदलने पड़ते हैं परंतु कभी भी सच्चाई का मार्ग नहीं छोड़ना चाहिये।
- तरक्की पाने के लिये समय–समय पर आधुनिक तकनीक के अनुसार बदलाव लाना जरूरी होता है।
- दुनिया बदलती है तो उसे बदलने दो परंतु आप अपने जीवन की राह पर बढ़ते चलो बहुत चैन मिलेगा।
- हर कोई दुनियां को बदलने के बारे में तो सोचता है लेकिन कोई भी खुद को बदलने की बात नहीं करता।
- जब प्रगति होती है तब परिवर्तन स्वाभाविक है। यदि आप परिवर्तन से डरते हैं तो उन्नति कैसे हो सकती है?
- अगर आप किसी चीज को पसंद नहीं करते तो उसे बदल दो, अगर बदल नहीं सकते तो अपना रवैया बदल लो।
- जैसे ही हम यह समझने लगते हैं कि हमने जिंदगी जीने का तरीका सीख लिया है जिंदगी फिर से बदल जाती है।
- सबसे बड़ा खतरा उस समय होता है जब कोई व्यक्ति सब कुछ बदलना चाहता है या बिल्कुल नहीं बदलना चाहता।
- कोई भी बदलाव, यहां तक की बेहतरी के लिए होने वाला परिवर्तन भी तकलीफ और असुविधाओं के साथ ही होता है।
- दूसरों को खुश करना अच्छी बात है परंतु अपनी आजादी को खत्म करके किसी को खुश करना अक्कलमंदी नहीं कहलाता।

- यदि हम बच्चों में कुछ बदलाव लाना चाहते हैं तो हमें पहले खुद यह समझना होगा कि क्या वो सारी खूबियां हमारे अंदर है या नहीं।
- एक पेंसिल बन कर यदि किसी का सुख नहीं लिख सकते हो तो कोशिश करो कि एक अच्छा रबर बनकर दूसरों के दुख मिटा सकों।
- आज हम परमात्मा से अपना हर काम तो करवाना चाहते हैं, उससे अपने सुख के लिये सब कुछ मांगते हैं लेकिन उसे कभी अपना नहीं मानते।
- बदलाव अच्छा होता है, लेकिन कुछ भी बदलने से पहले इस बात का आंकलन करना भी जरूरी है कि इस बदलाव से कोई परेशानी तो नहीं होगी।
- हे भगवान, मुझे उन चीजों को स्वीकार करने की हिम्मत दो जिन्हें मैं बदल नहीं सकता। उन चीजों को बदलने का साहस दीजिए जिन्हें मैं बदल सकता हूँ।
- कुछ अरसा पहले तक लोग घर के बाहर चौकीदार बिठाते थे कि कोई कुत्ता घर में न घुस आए आज लोग दरवाजे पर कुत्तों को बिठाते हैं ताकि कोई इंसान घर में न घुस आए।
- जीवन में किसी भी चीज को बदलने के लिये जरूरत होती है एक मात्र चीज फैसले की। एक अच्छा फैसला, सोच समझ कर लिया हुआ फैसला हमारे जीवन का रूख बदल सकता है।

❑❑❑

70
खट्टी-मीठी बातें

- आज़कल लोग केवल उस समय तक रिश्ता रखते हैं, जब तक आपकी जेब में पैसे हैं।
- शादी एक मात्र ऐसा जख्म है जिसके ऊपर चोट लगने से पहले हल्दी लगाई जाती हैं।
- पुराने समय में जीवन मौन से चलता था पर आजकल इसे लोन (कर्ज़) से चलाना पड़ता है।
- आज इंसान ही इंसान को डस रहा है, सांप बेचारा तो एक कोने में बैठा हुआ हंस रहा है।
- सड़क पर धीरे चलोगे तो परिवार से मिलोगे, जरूरत से तेज़ चलोगे तो यमराज से मिलोगे।
- क्या कमाल का संजोग है कि न मेरे दोस्त मुझे फोन करते हैं और न ही मैं उनको फोन करता हूँ।
- पेट भरना और ढंग से जीने में बहुत फर्क होता है, इसलिये हमें हर मार्ग सोच समझ कर ही चुनना चाहिए।
- दोस्त परीक्षा में फेल हो जाये तो तकलीफ होती है मगर दोस्त प्रथम स्थान पर आ जायें तो ज्यादा तकलीफ़ होती है।
- आज जन्मपत्री वर–वधू के मिलाने की नहीं, सास और बहू के मिलाने की है, दोनों के गुण मिल गये तो काम हुआ समझों।

- सर्दियों की सारी रात निकल जाती है इसी कशमक्श में, कि रजाई की लंबाई किस तरफ है और चौड़ाई किस तरफ।
- भगवान ने इंसान को खुश रहने के लिये धन, यश और खुशी दी और वो भगवान को भूल ना जायें इसलिये उसकी शादी करवा दी।
- आजकल दूसरों की मदद करने के लिये किसी के पास समय नहीं है लेकिन दूसरों के कार्यों में अड़गें डालने का समय सबके पास है।
- इंसान खुद विफल होता है और विवाह–शादी को विफल बताता है जबकि विवाह तो केवल व्यक्ति को उस के वास्तविक रूप में प्रकट कर देता है।
- आज का इंसान धन–दौलत की दौड़ में इतना अंधा हो चुका है कि उसे यह भी मालूम नहीं कि वो क्यूं भाग रहा है और किस ओर भाग रहा है।
- अगर तुम दुनिया बदलना चाहते हो तो अभी बदल डालो क्योंकि अगर शादी हो गई तो तुम दुनिया तो क्या अपने टीवी का एक चैनल भी नहीं बदल पाओगे।
- जो आखें बंद करके प्रेम करे वो है–प्रेमिका, जो आखें बंद होने तक प्रेम करे वो है–मां, और जो आखें दिखा–दिखा कर प्रेम करें वो होती है–पत्नी।
- प्रभु और डॉक्टर को कभी नाराज़ मत करना, क्योंकि प्रभु नाराज़ हो तो डॉक्टर के पास भेज देते हैं और डॉक्टर नाराज़ हो तो प्रभु के पास भेज देते हैं।
- कभी भी एक दांत टूटने का दुख मत करो इस बात पर खुश रहो की बाकी के सभी सुरक्षित हैं इसलिये थोड़े से नुकसान पर रोना–धोना नहीं करना चाहिए।
- भगवान ने केवल दो किस्म की औरतें बनाई हैं एक तो सुंदर और दूसरी बहुत सुंदर, लेकिन कुछ औरतों को अपने आप को सुंदर बनाऐं रखने की कला नहीं आती।

- पत्नी अगर गुस्सा करने लगे तो उस को सिर्फ इतना कह दो कि बुढ़ापे में तो अक्सर गुस्सा आ ही जाता है, वो दोबारा गुस्सा करने से पहले सौ बार सोचेंगी जरूर।
- लड़की ने घर छोड़ा ससुराल मिला, भाई छोड़ा देवर मिला, बहन छोड़ी ननंद मिली, मां–बाप छोड़े तो सास–ससुर मिले, पति तो बिल्कुल मुफ्त मिला। अब आप ही बताओ कि मुफ्त में मिली हुई चीज की कौन कद्र करता है।
- शादी एक ऐसा खेल है जिसे हर कोई अपनी रूचि और हैसियत के अनुसार खेलना चाहता है, लेकिन इतना सब कुछ करने के बाद भी अक्सर पति इस खेल में फ़ेल हो जाता है।
- भगवान के खेल भी निराले हैं एक गरीब मजदूर सौ किलो अनाज़ का बोरा उठा सकता है लेकिन उसे खरीद नहीं सकता अमीर इंसान उसे खरीद तो सकता है लेकिन उसे उठा नहीं सकता।
- एक आदमी ने भगवान से कहा कि तुमने बचपन दिया, छीन लिया, जवानी दी वो भी छीन ली, पैसा दिया, वो भी वापिस ले लिया, लेकिन एक बात नहीं समझ आई की बीवी देकर कैसे भूल गया?
- दूसरे देशों में जब कभी बिजली गुल हो जाये तो वो लोग सीधा बिजली के दफ्तर में बात करते हैं लेकिन हम लोग अपने पड़ोसी से पूछते हैं अगर उनकी बिजली भी गई हुई हो तो हमें शांति हो जाती है।
- आज़ बाज़ार में अनेकों लोग मिल कर हज़ारों किस्म के यंत्रों–मंत्रों के द्वारा अमीर बनने के नुस्खें सिखा रहे हैं, लेकिन ऐसी सलाह देने वाले खुद भी यह नहीं जानते कि अमीर बनने का सही तरीका क्या होता है?

❑❑❑

71
प्रेरक विचार

- किसी की मदद करने के लिये कभी भी कोई शर्त नहीं रखनी चाहिए।
- जिंदगी में दूसरों का भला करने से ही सच्ची खुशी पाई जा सकती है।
- हालात और मुकद्दर को कोसने वाले जीवन में कभी कुछ नहीं कर पाते।
- मां–बाप की सेवा करना ही तीर्थ यात्रा पर जाने जैसा पुण्य का काम है।
- दुश्मन को मारने से अच्छा है कि दुश्मनी को खत्म करने की कोशिश करो।
- ज्यादा धन–दौलत से सुविधाओं का सामान खरीदा जा सकता है खुशी नहीं।
- अपना साथ सिर्फ ऐसे लोगों से रखों जो आपको एक बेहतर इंसान बना सकें।
- ऊँचा उड़ना अच्छी बात है लेकिन ऊँचाई से गिरने पर चोट का भी खौफ रखें।
- जिसका आचरण ऊँचा नहीं वह आसमान पर चढ़कर भी गिरा हुआ ही कहलाता है।
- जीवन में इंसान का सबसे बड़ा शत्रु अगर कोई है तो वह उसका खुद का क्रोध है।

- जरूरतमंद की मदद करना सबसे बड़ा परोपकार और सच्ची पूजा के बराबर होता है।
- दूसरों को रूलाने की बजाए हंसाने का काम करोगे तो दुनिया आपको महान कहेगी।
- जीवन सांप–सीढ़ी के खेल की तरह है जहाँ सफलता और असफलता दोनों ही मिलती हैं।
- बुरे वक्त पर की गई मदद ही सच्ची पूजा है, ऐसे में यही मददगार सच्चा मित्र कहलाता है।
- न्याय और नीति से कमाए गए धन में हमेशा बरकत होती है और परिवार भी खुश रहता है।
- केवल बातें करने या योजनाएं बनाने से सफलता नहीं मिलती, इसी के साथ प्रयास भी जरूरी हैं।
- वक्त की कीमत का सिर्फ हमें उसी समय मालूम पड़ता है जब वो हमारे हाथ से निकल जाता है।
- जीवन में अवसर बहुत कम मिलते है उन्हें चूक जाने पर पछताने के सिवाए कुछ हासिल नहीं होता।
- लक्ष्य जितना बड़ा होगा, उतना ही मुश्किल भी होगा लिहाजा परिश्रम करके इसे संभव बनाया जा सकता है।
- जो व्यक्ति प्रशंसा का भूखा होता है वह कभी महान नहीं बन सकता, बल्कि सबसे तुच्छ और बेकार रह जाता है।
- मुश्किल के समय में किसी अकेले और दुखी व्यक्ति की सच्ची मदद यही होती है कि उसकी बात ध्यान से सुन ली जायें।
- आदमी के व्यक्तित्व का स्वामी भले ही वह खुद होता है, परंतु उसके महान होने का आकलन दूसरे लोग ही करते हैं।
- सकारात्मक सोच भले ही हमारी सारी समस्याएं न सुलझा पाएं लेकिन यह बहुत सारी परेशानियों को कम कर देती हैं।
- किसी भी बड़े कार्य को अंजाम देने के लिये महान होना जरूरी नहीं होता बल्कि आप अपना काम इस तरह से करो कि वो तुम्हें महान बना दें।

- हो सकता है कि आप बहुत सारे काम अच्छे ढंग से न कर सको लेकिन बहुत सारे ऐसे काम हैं जो आपके बिना अच्छे ढंग से नहीं किये जा सकते।
- जिस प्रकार साधारण पत्थर की कीमत जौहरी द्वारा उसके तराशने से बढ़ती है उसी प्रकार गुरू हमारे गुणों को तराश कर हमें बेशकीमती बना देते हैं।
- मौन से मस्तिष्क को आराम मिलता है और इसका अर्थ है शरीर को आराम मिलना। कभी–कभी सिर्फ आराम रूपी औषधि की ही शरीर को आवश्यकता होती है।
- जब कभी कोई जरूरतमंद मदद के लिये हाथ बढ़ाएं तो उसे कुछ न कुछ जरूर देना चाहिए क्योंकि जब इस संसार से जाओगे तो सब कुछ यही छोड़ कर ही जाना है।
- हमारा दिल ही है जो बिना आराम किए सालों–साल लगातार काम करता रहता है, इसलिये इसे सदा खुश रखना चाहिए, फिर चाहें यह हमारा अपना दिल हो या हमारे अपनों का।
- मानवता का धर्म यह नहीं की हम पत्थर की मूर्तियों को नये–नये कपड़े, आभूषणों से सजाएं बल्कि सच्चा धर्म तो यह है कि किसी जरूरतमंद, गरीब और नंगे व्यक्ति को तन ढ़कने के लिये कर्म करें।
- संत छोटा हो या बड़ा, उसका आश्रम छोटा हो या बड़ा, इससे कोई फर्क नहीं पड़ता फर्क तो सिर्फ इस बात से पड़ता है कि हम साधू–संतों की बातों को कितना समझते और उसे कितना मन में उतार पाते हैं।
- यदि हम सभी मिल कर प्रतिदिन एक नेक कार्य करना शुरू कर दें तो कुछ ही दिनों में हमारा हर गांव, कस्बा मुहल्ला और शहर सुंदर तरीके से संवारा जा सकता है जो किसी जन्नत से कम नहीं होगा।

❑❑❑

72
जीवन का खेल

- सादगी की शक्ति को कभी अनदेखा नहीं करना चाहिए।
- राजनीति में एक ही पल में मित्र दुश्मन और दुश्मन मित्र बन जाता है।
- जीवन का अर्थ अर्थी को देखकर समझ आता है डोली को देखकर नहीं।
- हमारे जन्म के तुंरत बाद सबसे पहले हमारा सामना दुख से ही होता है।
- जात–पात के नाम पर लड़ना और लड़ाना इंसानियत के खिलाफ षड्यंत्र हैं।
- समय को बर्बाद करने का मतलब है कि आप तिल तिल खुद का मिटा रहे हैं।
- बच्चों की जरूरतें तो जरूर पूरी करना ठीक है परंतु जिद्द नहीं माननी चाहिए।
- सबसे मुश्किल काम है सफलता की बुलंदियों पर पहुंच कर वहाँ पर टिके रहना।
- अच्छी चीजें सिर्फ उन्हीं लोगों के साथ होती है जो सदा अच्छे विचार रखते हैं।
- गरीब लोगों के घर कई बार टूटते हैं लेकिन उनका आत्मसम्मान कभी नहीं टूटता।

- जो पद पाता है वह 'भूतपूर्व' बन जाता है इसलिये अभूतपूर्व बनने की कोशिश करो।
- इस दुनिया में हमें जानते तो बहुत से लोग हैं, परंतु समझने वाले बहुत कम होते हैं।
- किसी भी व्यक्ति की महानता उसके कद से नहीं बल्कि उसकी बड़ी सोच से होती है।
- जो कोई दूसरों की गलतियों से सबक सीख लेता है वही सबसे बुद्धिमान कहलाता है।
- आजकल लोग अपने उसूलों की बजाए अपने पैसों के लिये अधिक चिंतित रहने लगे हैं।
- ऐसे असंख्य लोग हैं जो बार–बार असफल हुए तब कहीं जाकर वह 'अचानक' सामने आऐं।
- जिन लोगों के विचार सकारात्मक होते हैं उन्हें अच्छे मित्रों की कभी कोई कमी नहीं रहती।
- हमारी कमाई हमें अमीर नहीं बनाती बल्कि हमारी बचत की आदत हमें अमीर बना सकती हैं।
- कोई भी परेशानी हमें परेशान नहीं कर सकती जब तक उसे सुलझाने का हमारे पास ज्ञान है।
- पेट भरने के लिए पैसा कमाना और दूसरे के पेट पर लात मारना यह जीने का सही ढंग नहीं होता।
- जब भूख लगती है तो पेट यह नहीं पूछता कि यह रोटी ईमानदारी से कमाई हुई है या बेईमानी से।
- आम आदमी की जिंदगी में अक्सर तनाव उस समय आता है जब हम अपना काम समय पर नहीं करते।
- गलतियों से घबराने की बजाए यदि इन्हें हम अपना गुरू मान लें तो हम बहुत कुछ नया सीख सकते हैं।
- अपनी गलतियों से यदि हम सीख लेते रहे तो यही गलतियाँ हमारी अंगुली पकड़ कर मंजिल तक पहुंचा देती हैं।

- मां अपने बेटे का सिर उस समय तक अपने कंधे पर रखने की इच्छा रखती है जब तक लोग उसे अपने कंधे पर ना उठा लें।
- आप अपने घर की साफ–सफाई चाहें नौकरों से करवा लें परन्तु माता–पिता की सेवा खुद करने से कभी मत चूकिए।
- सत्य बोलना अच्छी बात है लेकिन किसी दूसरे की जान बचाने के लिए अगर झूठ भी बोल दिया तो कोई बुराई नहीं है।
- मां जननी ही नहीं संस्कार भी प्रदान करती है अतः सबसे बड़ी देवी मां है और मां के आशीर्वाद से सब कुछ मिल सकता हैं।
- जब कभी जिंदगी में कुछ गलत होने लगे तो कम से कम हमें यह कोशिश करनी चाहिए कि हम गलत राह पर न चलें।
- आज का इंसान काम करने में इतना व्यस्त हो गया है कि वो यह भी भूल गया है कि वो इतना काम किस के लिये कर रहा है।
- आप मनोरंजन से जीवन का आनंद अवश्य लें, परन्तु यह जांच करें कि क्या इससे आपका जीवन आन्तरिक रूप से समृद्ध बनता है?
- एक ओर हम कहते हैं कि भगवान कण–कण में बसता है दूसरी ओर हम लोग कहीं मंदिर और कहीं मस्जिद बनाने में लगे हुए हैं।
- परेशान आदमी का कोई मज़हब नहीं होता वो अपने स्वार्थ को पूरा करने के लिये मस्जिद भी जाता है और मंदिर में भी माथा रगड़ने से परहेज नहीं करता।
- कोई व्यक्ति सिर्फ इसलिए प्रसन्न नहीं दिखाई देता कि उसको कोई परेशानी नहीं है, बल्कि इसलिए प्रसन्न रहता है कि उसका जीवन जीने का दृष्टिकोण सकारात्मक है।

- सफल होने पर जब आप इसका श्रेय कुछ मीठे शब्द बोल कर दूसरों के साथ बांटते हैं तो आपकी जुबान आप लोगों के बीच खासा प्रभावशाली और बड़ा आदमी बना देती है।

❑❑❑

73
अच्छे संस्कार

- हमारी वास्तविक पूंजी धन नहीं सकारात्मक विचार हैं।
- दूसरों का दिल जीतने के लिये फटकार नहीं मधुर व्यवहार चाहिए।
- यदि आप जीवन में सफल होना चाहते हो तो धैर्य को अपना धर्म बना लों।
- कुछ अच्छा पाने के लिये कुछ अड़चनों रूपी बुरी चीजों से संघर्ष करना पड़ता है।
- धन–दौलत को जमा करने वाले भला क्या जाने की दान में कितनी मिठास होती है।
- हमारी जुबान की एक छोटी सी भूल हमारी रोजी–रोटी और मुस्कान छीन सकती हैं।
- आज के युवाओं को अपने अधिकार तो सारे याद है लेकिन वो अपने कर्तव्य भूलते जा रहे हैं।
- सच्चा पड़ोसी वह नहीं है जो हमारे साथ रहता है बल्कि वह है जिससे हमारे विचार मेल खाते हों।
- हम हर किसी की मदद नहीं कर सकते लेकिन हर कोई किसी न किसी की मदद जरूर कर सकता है।
- पुस्तकें ही एक मात्र वह साधन है जिनके माध्यम से हम विभिन्न संस्कृतियों के बीच पुल बना सकते हैं।

- आप सिर्फ सकारात्मक सोचो, सकारात्मक कार्य करो नतीजे अपने आप सकारात्मक आने शुरू हो जायेंगे।
- अच्छे विचारों से अच्छे संस्कार मिलते हैं और अच्छे संस्कारों से ही अच्छा किरदार निभाया जा सकता है।
- दूसरों से आगे रहने के लिये सबसे पहले हमें हर खेल के नियम सीखने होंगे और फिर दूसरों से अच्छा खेलना होगा।
- जब आप नकारात्मक विचारों का त्याग कर देते हो तो उस समय सकारात्मक विचार खुद–ब–खुद आपके आने लगते हैं।
- कल का दिन रात के अंधेरे के साथ खत्म हो गया है, उसे भूल कर आज के नये और खूबसूरत दिन का भरपूर फायदा उठाओं।
- सफलता पा लेने से कभी कोई व्यक्ति खुश नहीं हो सका, जबकि खुश रहने वाला व्यक्ति आसानी से सफलता पा सकता है।
- आप उस समय तक अपनी जिंदगी नहीं बदल सकते जब तक आप अपनी रोजमर्रा की दिनचर्या में बदलाव नहीं लाते।
- अपनी पीड़ा तो पशु–पक्षी भी महसूस करते हैं, असली मनुष्य तो वह है जो दूसरों की वेदना को समझने की कोशिश करें।
- जो आपके ऊपर भरोसा करते हैं उनके साथ कभी झूठ मत बोलो और जो आपके साथ झूठ बोलते हैं उनके ऊपर कभी भरोसा मत करो।
- अपने बारे में कभी भी बुरा मत सोचो, क्योंकि इस काम का ठेका भगवान ने पहले से ही हमारे रिश्तेदारों और पड़ोसियों को दे रखा है।
- जीवन में कोई भी अच्छा बदलाव हमारे से ही शुरू होता है लेकिन यह तभी शुरू होता है जब हम खुद को बदलने का प्रयास शुरू करते हैं।

- कोई भी इंसान बुरे काम करना सिर्फ उसी समय छोड़ता है जिस दिन उसे यह मालूम पड़ता है कि नेकी करने से मन को बहुत शांति मिलती है।
- हमारी खुशी में वही लोग हमारा साथ देते हैं जिन्हें हम अपना मानते हैं पर हमारे गम में सिर्फ वही लोग साथ देते हैं जो हमें अपना मानते हैं।
- पति–पत्नी में जब किसी बात को लेकर तकरार हो जाये तो एक पक्ष को कुछ देर के लिये चुप हो जाना चाहिए, कुछ ही देर में सब कुछ सामान्य हो जायेगा।
- हमें सदा कोशिश करके कल का काम आज और आज का काम अभी करने का स्वभाव बनाना चाहिए क्योंकि कोई नहीं जानता की कल हमारे साथ क्या होने वाला है।
- आज के इंसान ने पक्षियों की तरह हवा में उड़ना और मछलियों की तरह पानी में तैरना तो सीख लिया है लेकिन अब मनुष्य होते हुए भी मनुष्यों की तरह जीना सीखना बाकी है।
- बच्चा जब पैदा होता है तो उसके वस्त्रों में जेब नहीं होती और जब मनुष्य मर जाता है तब उसके कफन में जेब नहीं होती। जन्म और मरण के बीच में जब जेब आती है तो उसी दिन से इंसान हर प्रकार के गलत काम शुरू कर देता है।
- हम अक्सर अपना रूतबा बढ़ाने के लिये धार्मिक स्थानों पर दान पेटी में कुछ पैसे डाल कर यह सोचते हैं कि भगवान इससे खुश हो कर हमें आशीर्वाद देगे। मगर कभी यह नहीं सोचा कि अगर भगवान के घर में भी सिर्फ पैसे की पूछ है तो फिर इंसान और भगवान में क्या फर्क रह जायेगा।

❑❑❑

74

जहाँ चाह वहाँ राह

- भाग्य भी सिर्फ साहसी छात्रों का साथ देता है।
- सफलता वाकई किस्मत और मेहनत का संगम होता है।
- पढ़ते समय हर विषय को सकारात्मक दृष्टिकोण से देखें।
- बिना उत्साह के कभी भी कुछ महान हासिल नहीं किया जा सकता।
- असफलता का भय सफलता के रास्ते की सबसे प्रमुख रूकावट होती है।
- अगर आप इंन्द्रधनुष चाहते हैं तो आपको वर्षा को भी सहन करना होगा।
- सफलता सिर्फ उसी के पास जाती है जो उसका असली हकदार होता है।
- याददाशत बढ़ाने के लिये आप अपने मनपसंद विषयों से पढ़ने की शुरूआत करें।
- पढ़ते समय जब भी कोई अध्याय उबाऊ लगने लगे तो तुरंत उसे पढ़ना छोड़ दें।
- अंधेरा कितना भी घना क्यूं न हो लेकिन दिया जलाना तो कहीं भी मना नहीं हैं।
- सफलता तभी मिलती है जब छोटे से छोटे प्रयास भी नियमित रूप से किये जायें।

- मेहनत, हिम्मत और लगन से आप अपने हर सपने को हकीकत में बदल सकते हो।
- यदि आपको सच में टॉपर बनने की चिंता है तो आप एक दिन जरूर टॉपर बन जायेंगे।
- परेशानियों से बढ़ कर अनुभव देने वाला अभी तक कोई भी विद्यालय अभी तक नहीं बना।
- वही छात्र आसानी से टॉपर बन सकते हैं जो आशा न होते हुए भी प्रयास जारी रखते हैं।
- ज्ञान के माध्यम से हम फूलों जैसी मुस्कान और चांद तारों जैसी शान हासिल कर सकते हैं।
- सिर्फ खाने और सोने का नाम जीवन नहीं है, जीवन नाम है सदैव आगे बढ़ते रहने की लगन का।
- कोई भी छात्र कभी भी इतना कमज़ोर नहीं होता कि वो अपने लिये बड़ा लक्ष्य निर्धारित न कर सकें।
- कुछ लोग सफलता के पीछे भागने की बजाए सफलता को अपने पीछे आने के लिये विवश कर देते हैं।
- किसी भी कार्य की तैयारी में फेल होने का सीधा सा अर्थ यही होता है कि फेल होने की तैयारी करना।
- टॉपर शब्द अपने आप ही अपने अर्थ बताता है कि दूसरों से बिल्कुल अलग होना यानि सबसे आगे रहने वाला।
- टॉपर बनना उस समय तक नामुमकिन लगता है जब तक हम उसे मुमकिन बनाने के प्रयास शुरू नहीं कर देते।
- जिस किसी के कर्म शुद्ध हैं, जिस किसी के साधन शुद्ध हैं उसे यह विश्वास होता है कि सफलता अवश्य मिलेगी।
- जीवन की लड़ाई शक्तिशाली या बहादुर लोग नहीं जीतते, बल्कि सिर्फ वही जीतते हैं जो यह सोचते हैं कि वो जीत सकते हैं।

- आप जिस भी परीक्षा में टॉप करना चाहते हैं सबसे पहले यह सुनिश्चित कर लें कि वो कोर्स आपकी रूचि के मुताबिक होना चाहिए।
- एक बार सफल होने के बाद ही यह मालूम पड़ता है कि अभी तो बहुत सारी नई मंजिलों की तरफ आगे बढ़ना है।
- यदि आप दूसरों से अधिक सपने देखने, अधिक सीखने, अधिक पढ़ाई करने और कुछ अधिक बनने को प्रेरित हैं तो आप अवश्य टॉपर बन सकते हैं।
- सफलता खुशी की चाबी नहीं है, बल्कि खुशी सफलता की चाबी हैं। आप जो कुछ पढ़ रहे हैं अगर उसे प्यार और लगन से पढ़ेंगे तो जरूर सफल होंगे।
- किसी भी जाने–माने स्कूल या कालेज में पढ़ कर कभी कोई टॉपर नहीं बन सका। सबसे अच्छी तो आपकी पढ़ाई होती है जो आपको टॉपर बना सकती है।
- उज्जवल भविष्य के लिये पढ़ना आसान है या लिखना यह तो अलग बात है, लेकिन सच यही है कि हर अच्छे लिखे हुए को पढ़ कर अमल करना जरूरी है।
- यदि आप मुस्करा कर दुनिया को देखते हो तो हर तरफ रंगीन नजारें नज़र आयेंगे लेकिन यदि भीगी पलकों से देखोगे तो आईना भी आपको धुंधला दिखाई देगा।
- यदि आप सच में टॉपर बन कर सफल होना चाहते हो तो हालात को अपने मुताबिक ढ़ाल लो यदि ऐसा नहीं कर सकते तो ऐसे हालात बना लो जो तुम्हें सफलता दिला दें।
- हमें चाहिए कि हम अपनी जीवनशैली ऐसी बनाएं कि हम खुद को सदा सुरूचिपूर्ण कार्यों में व्यस्थ रख सकें, इसका सबसे बड़ा लाभ यह होता है कि हमें अपने बुढ़ापे का अहसास ही नहीं होता।

❑❑❑

75
समझों और समझाओ

- रेल की पटरी की तरह दुख और सुख सामांतर चलते रहते हैं।
- श्रद्धा ज्ञान देती है, नम्रता मान देती है और योग्यता स्थान देती है।
- बड़ों का दिल जीतने के लिये केवल उनके समक्ष झुकना ही काफी है।
- बड़े–बुजुर्गों के आर्शीवाद से बढ़ कर और कोई दौलत नहीं हो सकती।
- अगर आप किसी को राह दिखाते हैं तो सचमुच आप मार्गदर्शक कहलाते हैं।
- निराशा एक ऐसी हताशा है जो हमारे व्यक्तित्व के विकास को रोक देती है।
- एक छोटा सा सकारात्मक नज़रिया हमारे अंदर बहुत बड़ा बदलाव ला सकता है।
- निराशा और हताशा को भूल कर जो छात्र पढ़ाई करते हैं वो सदा सफल रहते हैं।
- आप कल क्या थे उसे भूल कर यह प्रयास करो कि आने वाला कल अच्छा बन सकें।

- क्रोध तो हमेशा आग की तरह होता है लेकिन हम खुद को तो शांत रख सकते हैं।
- जीवन में सफल होने के लिये एक बार तो अपने सुखों का त्याग करना ही पड़ता है।
- यदि जीवन में सदा सुखी रहना चाहते हो तो कभी किसी से कोई उम्मीद मत रखना।
- सभी के साथ चलने से और सभी को साथ लेकर चलने से सफलता मिल ही जाती है।
- हर व्यक्ति खुद तो स्वतंत्र रहना चाहता है लेकिन दूसरों को स्वतंत्रता नहीं देना चाहता।
- हम पढ़ाई में जितना अधिक ध्यान लगायेंगे उतनी ही ज्यादा सफलता मिलती चली जायेंगी।
- किसी भी योजना पर काम शुरू करने से पहले हमें अपनी ताकत को भी परख लेना चाहिए।
- कुछ लोगों को सफलता सिर्फ इसलिये नहीं मिलती क्योंकि वो कभी भी गंभीर प्रयास नहीं करते।
- गुस्सा उस समय तक कोई नुकसान नहीं करता जब तक उसे हमारी जीभ का साथ नहीं मिल जाता।
- जीवन में बहुत से काम मौन रह कर भी किए जा सकते है, इसलिए चीखने–चिल्लाने से बचना चाहिए।
- हमारी जीभ यदि क्रोध का साथ न दे तो जीवन के आधे से अधिक झगड़े अपने आप खत्म हो जायेंगे।
- हर आदमी खुद को सबसे अच्छा मानता है लेकिन क्या कभी किसी ने यह सोचा है कि दूसरे हमारे बारे में क्या सोचते हैं।
- इस दुनिया में हर चीज़ ठोकर लगने से टूट जाती है मगर सिर्फ इंसान ही एक ऐसा है जो ठोकर लगने के बाद ही बनता है।

- भगवान किसी का कोई काम न तो बनाता है न ही बिगाड़ता है हमारे कर्म ही हमारे सभी काम बनाते और बिगाड़ते हैं।
- हम सभी इस बात में विश्वास करते हैं कि भगवान कण–कण में बसता है इसके बावजूद भी वो हमारी याद और समझ में नहीं होता।
- जैसे बुढ़ापा आने पर बालों का रंग अपने आप बदल जाता है ठीक उसी तरह अच्छी संगत मिलने पर रंगत खुद–ब–खुद ही बदल जाती हैं।
- गलत सवाल का जवाब भी सदा गलत ही होता है, लेकिन उस्ताद का सवाल कभी गलत नहीं होता हाँ शार्गिद का जवाब जरूर गलत हो सकता है।
- हम अपने जन्म से ही सूरज और चांद को देखते आ रहे हैं लेकिन फिर भी अभी तक यह नहीं समझ पायें कि हमें अपने काम कैसे करने चाहिए?
- ज्ञानी लोग भगवान से अधिक इंसान पर भरोसा करते हैं क्योंकि उन्होंने भगवान को तो नहीं देखा यदि देखा भी है तो इंसान के रूप में ही देखा है।
- बड़े से बड़े कामयाब व्यक्ति की शुरूआत हमेशा असफलता से ही होती है, लेकिन वो उस असफलता के कारणों को ढूंढ कर उसे सफलता में बदलना जानते हैं।
- अच्छी फसल उगा कर भी खुशी न पाने वालों को अपने मन में विश्वास का बीज बोना चाहिए और नम्रता के जल से उसे बड़ा करने का प्रयास करें तो शरीर तो क्या आत्मा भी प्रसन्न हो जायेंगे।
- वैज्ञानिक लोग समय से बहुत पहले सर्दी, गर्मी और बरसात का अंदाजा लगा लेते हैं लेकिन आज तक कोई भी इंसान के स्वभाव को नहीं जान सका कि अच्छा भला व्यक्ति किसी बात पर अगले ही पल आग उगलने लगेगा।

- किसी ने एक संत से पूछा कि सबसे उत्तम भाषा कौन सी होती है। संत जी ने कहा जिस भाषा में प्यार और मिठास होती है। वही सबसे सर्वोत्तम भाषा होती है। क्योंकि इससे हमें शांति तो मिलती ही है सामने वाला भी हमारी ओर आकर्षित होने लगता है।

❑❑❑